ANODD CREDU

ANODD CREDU

Joshua Gerwyn Elias

Argraffiad cyntaf: 2007

Dymuna'r cyhoeddwyr gydnabod cymorth ariannol
Cyngor Llyfrau Cymru

Cynllun y clawr: Y Lolfa

Rhif Llyfr Rhyngwladol: 978 0 86243 977 4
ISBN-10: 086243 977 9
Cyhoeddwyd yng Nghymru
gan Y Lolfa Cyf., Talybont, Ceredigion SY24 5AP
gwefan www.ylolfa.com
e-bost ylolfa@ylolfa.com
ffôn 01970 832 304
ffacs 832 782

DECHRAU'R DAITH

DWY OED OEDDWN I pan ddigwyddodd y ddamwain a gafodd effaith arna i am weddill fy mywyd.

Roedd fy mam, Ray, yn ferch i Esther, un o ddeuddeg o blant y Cilie. Roedd fy nhad, Illtud, yn un o ddeuddeg o blant Glanhirwen ger Beulah, ac fe aeth i'r môr yn bymtheg oed a hwylio o'r Barri; roedd ganddo fe lawer iawn o straeon difyr am ei amser caled ar fwrdd llong.

Ar ôl iddynt briodi bu'r ddau'n gweithio yn y wâc laeth ym Mryste. Fe fyddai'r llaeth yn dod mewn tanciau mawr o'r ffermydd, a gwaith y wâc laeth oedd ei botelu a'i ddosbarthu i'r tai yn y ddinas. Ond doedd y gwaith ddim yn gorffen gyda dosbarthu'r llaeth – roedd yn rhaid golchi'r poteli gwag a pharatoi erbyn trannoeth. Roedd yn amser prysur iawn.

Fe fyddai Hefin fy mrawd a minnau yn cael ein molchi mewn twba sinc ar yr aelwyd. Byddai Mam yn rhoi'r dŵr berw i mewn yn gyntaf ond, un diwrnod, roeddwn i, cyn iddi roi'r dŵr oer i mewn, wedi neidio i mewn i'r bath gan feddwl ei fod e'n barod. Fe gefais niwed ofnadwy a llosgi fy nghorff yn wael – yn arbennig y coesau a'r pen-ôl. Rhuthrwyd fi i'r ysbyty. Yno triniwyd y pothelli a'r mannau lle roedd y croen wedi dod i ffwrdd. Yn rhyfedd iawn roedd y cyfan yn brofiad mor ofnadwy fel nad wyf yn medru cofio dim am y peth nac am yr ysbyty. Mae natur yn garedig iawn wedi ei ddileu o'r cof.

Ond fyth oddi ar hynny rwy wedi dioddef o atal dweud difrifol. Pan ddes i mas o'r ysbyty roedd y meddwl a'r siarad wedi cael eu heffeithio. Roeddwn i'n parablu'n ffraeth a di-stop cyn y ddamwain a'r ysbyty, ond wedi dod allan roedd y geiriau yn pallu dod ac atal dweud difrifol arna i. Y llythrennau 'p', 't', 'c' oedd waetha. Does dim amheuaeth mai sioc oedd yn gyfrifol ac ar ben sioc y llosgi roedd sioc arall ysgytwol i blentyn bach, sef gorfod treulio amser hir yn yr ysbyty heb gwmni fy nheulu. Heddiw mae rhieni yn cael aros gyda'u plant, ond bryd hynny, dim ond awr oedd yr amser ymweld. Erbyn hyn mae meddygon yn sylweddoli mor bwysig yw hi i'r plentyn gael cwmni ei fam neu'i dad. Tri pheth sydd eisiau fwyaf ar blentyn, heblaw bwyd wrth gwrs, sef cariad, sylw a diogelwch. Os bydd plentyn yn cael y tri hyn mae ei allu i wella o unrhyw ddolur gymaint yn fwy.

Ym 1938, ychydig cyn y rhyfel, symudodd ein teulu ni o Fryste i Hwlffordd pan gafodd fy nhad waith yn gyrru lori betrol. Fe ddechreuais i'r ysgol yn Ysgol Gynradd Prendergast yn Hwlffordd a chyn bo hir daeth Hefin fy mrawd i gadw cwmni i fi yn yr ysgol – ef yn bedair oed a finnau bron yn chwech. Roeddwn i'n ystyried mai fy ngwaith i oedd edrych ar ôl Hefin ac un diwrnod fe welais fwli yn rhoi bonclust iddo. Fe gydiais i yn y bwli a rhoi bonclust yn ôl iddo fe, a'i roi yn y bin sbwriel!

Dyma'r cyfnod pan ddechreuodd yr Ail Ryfel Byd. Un diwrnod, a minnau'n chwech oed ac yn mynd erbyn hyn i Ysgol Fenton yn Hwlffordd, fe gefais brofiad ysgytwol. Roedd hi'n brynhawn a finnau newydd fod adre yn cael cinio yn fy nghartref a oedd rhyw dri chan llath o'r ysgol. Roeddwn i'n cario cwdyn a hen ddillad rhacs ynddo i'r ysgol am fod yr ysgol yn casglu dillad ar gyfer codi arian i'r rhyfel.

Roeddwn i o fewn hanner can llath i'r ysgol pan glywais swn awyren. Pan edrychais i lan roedd awyren fomio fawr yn yr awyr uwchben gyda Swastica ar bob adain. Gwelais ddwy fom yn cael eu gollwng ohoni. Ymhen eiliadau dyma ffrwydrad mawr a llwch a mwg yn codi i'r awyr ac yna daeth sgrech seiren y dre, ond roedd yr awyren wedi mynd i'r pellter erbyn hynny.

Fe redais nerth fy nhraed i'r ysgol wedi dychryn yn ofnadwy. Roedd yr ysgol yn ferw gwyllt gyda phawb yn ofnus a phlant yn llefain a'r athrawon yn ceisio'u cysuro a'u tawelu. Chafodd neb ei ladd y diwrnod hwnnw, ond fe ddaeth y bomwyr yn ôl drannoeth a chafodd dau eu lladd.

I fachgen chwech oed a oedd yn nerfus iawn ei natur ac yn dioddef o atal dweud yn ofnadwy cyn hyn, roedd y cyfan yn brofiad trawmatig.

Ar ôl i'r Almaenwyr fomio Hwlffordd roedd fy mam yn ofni bod ein bywydau ni i gyd mewn perygl a mynnodd, fel iâr, gadw'r cywion o dan ei hadain a chwilio am le tawel i gysgodi rhag y storm. Penderfynodd fynd â'r ddau gyw bach, fi a Hefin, i fro ei mebyd a gadael fy nhad a'i waith adref. Cafwyd lloches mewn bwthyn to sinc rhyw hanner milltir o Gwmtydu, a ddisgrifiwyd gan fy nghefnder, Jon Meirion, yn un o'i lyfrau fel 'traeth rhamantus a nemor neb wrth law i darfu ar y llonyddwch parhaol'.

Enw'r bwthyn oedd Penplas, ger y Felin yn y cwm. Roedd yr hen le yn ddigysur iawn a dim ond dwy stafell oedd iddo, un i gysgu a'r llall yn stafell fyw a lle tân ynddi. Bwced mewn cwb ffowls y tu allan oedd y tŷ bach! Yn ffodus tyfai llawer o goed o gwmpas y lle, ac fe gafwyd digon o goed tân i'n cadw ni'n gynnes pan ddaeth y gaeaf a'i oerfel. Mae'r bwthyn yn adfail erbyn hyn.

Fe fuon ni yno am dri mis a'r hyn sy'n aros yn y cof fwya yw'r dylluan wen! Gyda'r nos byddai'r aderyn yn dechrau hela, a finnau'n pallu dod i'r tŷ, gan fy mod yn mwynhau pleserau'r wlad. Er mwyn fy nghael i i'r tŷ byddai Mam yn fy mygwth drwy ddweud y byddai'r aderyn yn dod ac ymosod arna i, ac efallai'n tynnu fy llygaid i mas! Fe fuodd ofan gwdihŵ arna i am amser hir wedi hynny. Pan fûm i'n astudio seicoleg plant flynyddoedd yn ddiweddarach, roedd yr Athro'n condemnio rhybuddio o'r fath.

Yn Hwlffordd y ganwyd chwaer a brawd arall i mi, sef yr efeilliaid Dilys a Dyfed. Doedd y meddyg teulu ddim wedi sylwi fod dau faban yn y groth ac roedd yn syndod mawr pan ddaeth yr ail a dim ond y fydwraig yn bresennol. Roedd pwysau mawr yn y ddau – Dilys yn 8 pwys a Dyfed yn 7 pwys – ac ar y pryd y trydydd efeilliaid mwyaf trwm ym Mhrydain Fawr ers dechrau cadw ystadegau.

Ar ôl geni'r efeilliaid roedd angen help ar Mam. Anti Fanw, sef Myfanwy Husak, ddaeth i edrych ar ein holau ni. Mae hi'n 91 oed erbyn hyn ac yn byw yng nghartref yr henoed yn Henllan sy'n lle arbennig. Mae ei meddwl yn dal yn ddigon effro i wneud pob math o bosau a chroeseiriau anodd. Rhyw bedair a hanner oeddwn i ond rwy'n ei chofio'n dda am ei bod yn cadw trefn arnon ni. Nyrs yn Llundain oedd hi ar y pryd wedi gweithio drwy beryglon y *blitz* i gyd.

Fe ddaeth gallu Anti Fanw i ofalu bod plentyn ar ei orau o ran glendid gwallt a dillad i'r golwg yn Sioe Clarbeston Road. Roedd Mam am i fi (am fy mod i'n fabi pert!) gystadlu yn y dosbarth dan bump oed. Fe gefais i fy sgrwbio'n lân, rhoi 'bach o *Vaseline* yn fy ngwallt cyrliog, a phrynu siwt newydd – trowsus byr a dwy strapen dros yr ysgwyddau yn ei ddal i fyny. Meddyg oedd yn beirniadu a chefais y wobr gyntaf allan o dros 50 o gystadleuwyr. "Plentyn perffaith" meddai'r beirniad wrth Mam! Rhaid cyfaddef fod ein teulu ni wedi sgubo'r gwobrau i gyd – Dilys a Dyfed yn ennill y wobr i efeilliaid a Dyfed yn ennill am y baban harddaf!

Ar y ffordd adref yn Hwlffordd, rhaid oedd tynnu llun mewn stiwdio er mwyn cofio'r achlysur. Fe aethon ni i siop ffotograffydd ger y bont dros afon Cleddau a chafwyd llun ohona i â'r cwpan arian wrth fy ochr. Mae'r cwpan gyda fi hyd heddiw – cystal â newydd, ond trueni na allwn ddweud yr un peth am y sawl a enillodd y cwpan!

Yr adeg yma rwy'n cofio cael mynd lan i Sir Aberteifi i weld mam-gu Trecregin. Rwy'n cofio fy mam-gu ar ochr fy mam, Esther, yn dda. Gwraig weddw oedd hi gan fod ei gŵr, Joshua (y cefais i fy enwi ar ei ôl), wedi marw'n ifanc o niwmonia yn 32 oed a hithau ar y pryd yn disgwyl ei seithfed plentyn, Jeremy. Roedd hi'n gymeriad annwyl, a bob tro y galwn yn ei thŷ byddai yno groeso mawr. Rwy'n ei chofio hi'n dod lawr stâr a'r pen-ôl gyntaf am ei bod yn cael trafferth dod lawr yn y dull arferol. Fe ddysgodd hi'r pader i fi a'i adrodd wrth fynd i'r gwely.

Rhof fy mhen bach lawr i gysgu,
Rhof fy enaid bach i'r Iesu.
Os byddaf farw cyn y bore,
Duw a gadwo f'enaid inne.

Roeddwn i'n dwlu ar y cacennau o flawd ceirch byddai hi'n eu gwneud i de a byddai'n dangos i fi sut i'w gwneud. Mas â'r basin i ddechrau ac i mewn â'r blawd ceirch, siwgwr, a menyn wedi toddi. Cymysgu â llaw. Yna'r rholbren drosto a defnyddio ymyl cwpan i dorri siâp crwn i bob un. Eu gwneud ar y radell dwym a'u bwyta gyda bach o fenyn a chaws. Dyna beth oedd gwledd!

Teulu Elias Beulah oedd teulu 'nhad. Roedd tad-cu Beulah, Jack, yn fasiwn da iawn ac yn adeiladu tai. Ei ddiddordeb mawr oedd chwarae'r acordion a byddai galw mawr arno i berfformio pan fyddai cyngerdd yn Beulah. Un dawel, addfwyn oedd Sarah, mam-gu Beulah, ac rwy'n cofio hyd heddiw ôl y gwaith caled ar ei dwylo – nid chwarae bach oedd magu dwsin o blant. At deulu fy nhad y trodd fy rhieni am help wedi geni'r efeilliaid gan fod baich magu gefeilliaid a dau blentyn arall yn drwm.

TRISTWCH COLLI TEULU
– Y MAB MAETH

YN FUAN AR ÔL geni'r efeilliaid cefais fynd yn fab maeth, neu fy ffermio allan, pan oeddwn i'n blentyn ifanc, ac fe gafodd hyn effaith arna i ar hyd fy oes. Roedd chwaer fy mam-gu, Lisa, a'i gŵr Evan, yn byw ar fferm Alltycnydau, Croes-lan, ac fe benderfynwyd fy mod i i gael mynd i fyw atyn nhw.

Roedd yn anodd iawn bod ar wahân i'm teulu. Roedd hiraeth ofnadwy arna i a byddwn yn llefain fy hun i gysgu lawer noson ar y dechrau. Cafodd effaith seicolegol arna i a gallaf ddweud yn onest i mi dreulio oes gyfan yn ceisio dod i delerau â'r peth. Gwn iddo gael effaith ar fy mrawd Hefin hefyd. Ar ôl i mi fynd i ffwrdd i Alltycnydau fe fyddai Hefin yn gofyn i Mam bob dydd pryd oeddwn i'n dod 'nôl. Byddai hithau'n dweud, "Efallai y daw e gyda'r bws fory", ond yn gwybod yn iawn na fyddwn yno. Fe fyddai Hefin, druan, yn mynd i aros am y bws bob dydd am wythnosau a neb yn cyrraedd; roedd wedi ei frifo'n ofnadwy o golli fy nghwmni ac am flynyddoedd byddai'n chwilio am le cudd i lefain lle na fyddai neb yn ei weld.

Dwy i ddim yn cofio'r daith i'r fferm y tro cyntaf pan ges i fy ngadael yno, a dwy i ddim yn cofio faint o amser y bûm i yno cyn i fy rhieni ddod i'm gweld o Hwlffordd. Ond rwy'n eu cofio nhw'n gadael i ddechrau'r daith adref, a minnau yn rhedeg ar ôl eu car yn llefain am chwarter milltir cyn dod i ben lôn y fferm.

Roedd Alltycnydau yn fferm o ryw wyth deg erw a'r tŷ wedi'i adeiladu o gerrig. Cyntefig oedd hi yno heb ddim bath na thoiled. Roedd y tŷ bach rhyw ddeg llath o'r tŷ, wedi'i wneud o sinc, gyda sedd eithaf cyffyrddus o bren gydag un twll – felly un ar y tro!

Roedd yn rhaid i'r un oedd yn eistedd ar sedd y toilet chwibanu neu ganu os deuai rhywun arall i'w ddefnyddio oherwydd doedd dim clo ar y drws. Y papur tŷ bach oedd y *Woman's Weekly* wedi'i hongian ar hoelen gerllaw. Efallai ei fod e'n well na'r papur tenau heddiw a'r bys yn mynd trwyddo weithiau!

Doedd dim dŵr yn dod i'r tŷ a rhaid oedd ei gludo o ffynnon oedd tua dau gan llath i ffwrdd, i lawr bron go serth, heibio twll mochyn daear ac ôl ei draed yn eglur yn yr agoriad. Câi'r dŵr ei gario i'r tŷ mewn dwy stên fawr, ar gyfer yfed, ymolchi'r corff, golchi dillad, ac yn y blaen.

Llaeth oedd prif incwm y fferm a byddai'n cael ei werthu mewn poteli i bobol Croes-lan a'r cyffiniau. Byddai'r llaeth oedd ar ôl yn mynd i'r MMB, y *Milk Marketing Board*, a siec yn dod oddi wrthyn nhw bob mis amdano. Heb hyn byddai'n llwm arnon ni er bod gwerthu wyau, ieir, gwyddau amser Nadolig, ambell geffyl neu fuwch a thatws yn gymorth ariannol.

Roedd cyfle amser rhyfel, wrth gwrs, i wneud arian ar y farchnad ddu, sef gwerthu pethau fel wyau a menyn – y bwyd roedd y Llywodraeth yn rhoi *rations* arnyn nhw. Roedd fan cigydd o Sgiwen yn galw bob nos Wener yn ystod y rhyfel ac fe fydde fe'n llanw'r cerbyd â chig o bob math, wyau ac unrhyw beth arall a allai werthu yn ei siop. Roedd yn gadael y fferm gyda'r nos a'r prif lampau tu blaen y car wedi eu cuddio gan adael dim ond rhyw dwll bach, bron fel golau cannwyll. Pwrpas gwneud hyn, wrth gwrs, oedd rhwystro'r Almaenwyr rhag eu gweld o'r awyr, os oeddent uwchben mewn awyren.

Un noson, wrth iddo fynd dros y bont yng Nghaerfyrddin ar ei ffordd adre a'r fan yn llawn o bethau anghyfreithlon, fe'i stopiwyd e gan blismon â'i fraich i fyny. Rhaid oedd aros. "Beth sy yn y cefen?" gofynnodd y plismon. Fe dynnodd y cigydd ffowlyn mas o'r cefn a'i roi yn llaw'r plismon. "Bant â chi" oedd ei eiriau nesaf!

Tir go ddiffaith oedd i'r fferm, fel llawer o Geredigion, ac yn garegog iawn, yn enwedig i fyny tua rhos Bryngernos. Rwy'n cofio treulio diwrnodau yn crynhoi'r cerrig o bob maint a'u rhoi mewn twmpathau ar hyd y lle, yna eu codi i gart er mwyn eu cludo i gware. Gan fod y tir yn wael roedd yn rhaid rhoi llawer o achles iddo. Byddai'n rhaid cywain dom o'r domen ar waelod y clos a threulio dyddiau yn glanhau siediau'r da bach wedi iddyn nhw fod i mewn dros y gaeaf. Câi gwellt ei roi bob dydd dan y gwartheg a byddai yna drwch o dair troedfedd o ddom erbyn y gwanwyn. Rhaid oedd ei lwytho i gert ac yna ei wasgaru ar y caeau.

Nes i lawr yn y cwm roedd y bronnydd yn rhy serth i'w haredig, a rhedyn yn mynnu tagu'r borfa. Fe fues i'n defnyddio'r bladur i geisio torri'r rhedyn ond byddai'n tyfu 'nôl ymhen ychydig fisoedd. Roedd y lle'n fyw o gwningod bryd hynny a'r rheiny'n gwneud swper go flasus cyn dyddiau'r mycsomatosis.

Efallai mai'r rheswm fod y Cardi yn cael ei alw'n gybyddlyd yw oherwydd natur wael y tir a'r frwydr i'w wella. Y gwir yw ei fod yn gorfod gweithio'n galed i gael bywoliaeth o'r tir gwael ac ar ôl ennill yr arian drwy lafur caled roedd yn gofalu ei fod yn edrych ar eu hôl ac yn osgoi gwario'n ofer.

Roedd Wncwl Evan ac Anti Lisa tua hanner cant oed pan es i i fyw atyn nhw. Roedd Lisa, chwaer mam-gu, yn un o ddeuddeg o blant a'i rhieni wedi byw am amser yn y bwthyn to sinc dwy stafell yn Pentre, Beulah, lle magwyd chwech o blant. Roedd Lisa yn weithwraig ddiflino. Pan fyddai munud sbâr ganddi fe fyddai'n gwneud cwiltiau – roedd hi wedi dysgu gwinio yn y Felin yn Llangrannog lle bu am dair blynedd. Fe fydda i'n defnyddio'r cwiltiau a wnaeth Anti Lisa o hyd – maen nhw'n gant oed erbyn hyn!

Roedd Evan wedi'i fagu ar y fferm mewn cyfnod caled iawn. Roedd ei dad wedi marw pan oedd ond yn flwydd oed a'i chwiorydd yn ddwy, tair a phedair oed, a gwelsai lawer o galedi yn ystod ei blentyndod. Gwaith oedd ei fywyd a'i hamdden. Ni wyddai lawer arall ond gallai ysgrifennu ei enw.

Rwy'n cofio un tro pan oeddwn i tua deuddeg oed roedden ni'n cwympo coeden dderw i lawr yn y cwm i gael coed tân dros y gaeaf. Ar ôl ei llifio, daeth yn amlwg fod boncyff y goeden yn wag ac meddai Evan,

Tri pheth sy'n anodd nabod
Dyn, derwen a diwrnod
Y dydd yn hir, a'r pren yn gou
A'r dyn yn ddouwynebog.

Mae'r geiriau wedi bod mor wir yn aml.

Fe fyddai Evan yn mynd i'r cwrdd ym Mwlch-y-groes ac roedd crefydd yn agos i'w galon er na chymerai ran mewn gwasanaeth. Roedd ei ffydd yn ddi-syfl hyd y diwedd ac, er ei symledd, roedd e'r Cristion mwyaf a welais erioed.

Roedd gan y teulu eu seddau neu eu côr eu hunain yn y capel, fel roedd yn arferol bryd hynny, ar y dde wrth fynd i mewn i'r capel. Un Sul yn y gwasanaeth roedd gwraig yn eistedd yn y côr tu ôl i ni, ac wedi bod yn ffermio drwy ei hoes. Wrth ganu un o'r emynau, sef 'Gwaredigaeth trwy Grist' gan Williams Pantycelyn ar y dôn gyfarwydd 'Hyfrydol', cofiaf hi'n canu'r geiriau 'Marcha'r gaseg yn llwyddiannus' yn lle 'Marchog Iesu yn llwyddiannus' yn yr ail bennill!

Doedd dim plant gydag Evan a Lisa ac roedden nhw wedi cymryd chwaer fy nhad, Annie, atyn nhw i fyw pan oedd hi'n saith oed, ac wedi ei magu i ddod yn forwyn gyda nhw pan fyddai hi'n gadael yr ysgol.

Roedd Anti Annie ychydig dros bum troedfedd o uchder, a'i choesau'n gam fel rhai joci a'r ddwy ben-glin byth yn cwrdd â'i gilydd. Gorfod iddi weithio a gweithio i blesio'r teulu heb fawr o dâl. "Rwyt ti'n cael dy gadw" oedd y gân. Fe wnes i ddarganfod ymhen blynyddoedd ei bod yn dioddef o PCOS, *polycystic ovary syndrome.* Y misglwyf wedi dechrau yn 17 oed a gorffen yn 23. Credaf yn aml mai llanw'r bwlch oedd diben fy nerbyn i i'r teulu, iddi gael 'plentyn' ei hunan i'w fagu fel ei mab ei hun.

Cysgu gyda'r gwas fu raid i mi drwy'r blynyddoedd mewn gwely dwbwl ar lofft y gegin fach. Byddai'r gwas yn dod i mewn yn hwyr wedi bod allan yn mwynhau ei hunan, yn aml wedi cerdded i sgwâr Croes-lan lle ymgasglai tua deg o weision ffermydd cyfagos, a phob un â'i sbri a llawer o hanesion a straeon digri. Os byddai ambell groten yn mynd heibio a'r gwres yn codi, byddai'r coesau'n symud a'r traed yn palu'r ddaear fel march yn cwrdd â'i gaseg! Roedd blwch ffôn ar yr ochr ger y siop. Byddai'r gweision yn cael hwyl yn ffonio'r gweinidog oedd yn byw rhyw ganllath i lawr y ffordd. Hwnnw yn ateb a dim ond sŵn 'Rrrrwp' fel rhech roedd yn ei gael, a neb yn dweud dim! Rhyw sbri diniwed fel'na oedd gyda nhw. Ni chlywais erioed am ddrygioni drwg nac ychwaith ymladd o unrhyw fath. Mae'r byd wedi newid.

Cofiaf y gweision yn dda – cefais berthynas wych gyda phob un o'r chwech a fu yno ar y fferm yn ystod fy amser i – Lewis Harries, Lôn, Maesllyn; Emrys Rees, Pantbach; Elwyn Elias, cefnder o Gwrrws, Henllan; Hywel Morris, Gwernant Lodge; Tom Griffiths, Pensarn, Ffostrasol, a Ronnie Cannell, Penrhiwllan. Fe fuod pob un ohonyn nhw gyda ni am ddwy flynedd, ond Elwyn am bedair nes iddo briodi Morwena. Hyd nes oeddwn i'n ddeg oed roedd pob un fel wncwl i fi yn gofalu amdana i, ond wedyn roedden nhw mwy fel brodyr i fi. Byddai'r gwas yn newid ar ŵyl Mihangel ond doedd dim llofnodi papur na dim byd felly. Roedd yn hawdd cael gweision gan fod 'ford dda', sef bwyd da, gan fy modryb.

Y deryn a'r mwyaf doniol o'r cyfan oedd yr annwyl Tom Griffiths, Pensarn. Fe fuod e yno am ddwy flynedd hapus iawn. Roeddwn wrth fy modd yn gwrando ar ei hanesion. Y stori oedd yn dod mas fwya amal gyda Tom oedd hanes Ysgol Capel Cynon pan oedd Mr Jones yn brifathro yno. Câi hwnnw ei alw'n 'Chol' am fod ganddo arfer o ddweud 'chol' ar ddiwedd brawddeg, sef talfyriad o 'chi'n gweld' neu 'chwel'. Roedd e a'i wraig yn byw yn Nhŷ'r Ysgol a byddai Mrs Jones yn rhoi'r golch mas ar y lein bob bore Llun. Byddai Tom a'i ffrindiau'n taflu cerrig at y dillad ac, wrth gwrs, y prif darged oedd dillad isaf Mrs Jones! Nawr, yr unig ffordd i wybod a oedd y garreg wedi taro'r dilledyn oedd rhoi mwd arni, ac wedyn byddai marc du i'w weld, a byddai Tom yn ymffrostio mai fe oedd yn taro'r targed amlaf!

Fe brynodd Tom fotor-beic, Triumph. Doedd dim *starter* arno a rhaid oedd ei hwpo a'i roi mewn gêr ar ôl codi cyflymder. Cafwyd hwyl fawr a threulio llawer prynhawn Sadwrn yn cael y peiriant i fynd pan oedd yn styfnig. Fe fyddwn i'n cael reid ar y piliwn gyda Tom i bictiwrs Rhydlewis ar nos Sadwrn. Wrth ddod 'nôl drwy Maesllyn mae rhiw serth iawn lan i bentre Croes-lan a hanner ffordd lan byddai'r hen fotor-beic yn mynd ar stop. Wedyn byddwn i'n disgyn ac yn hwpo Tom a'r beic lan y rhiw. Unwaith roedden ni ar y gwastad eto fe fyddwn i'n neidio 'nôl ar y motor-beic.

Byddai Tom yn siarad llawer am ferched ac fe allech dyngu ei fod yn fedrus iawn ar y busnes caru, ond hen lanc fuodd e ar hyd ei oes. Diolch amdano, ond bu farw yn llawer rhy ifanc.

Wn i ddim ai fi oedd i fod dilyn ymlaen ar y fferm ar ôl i'r hen bâr ymddeol, ond pan welon nhw fy mod am fynd i'r coleg fe werthwyd y lle y flwyddyn honno. Ymhen blynyddoedd cafodd Modryb Annie fyw heb rent yn fy mwthyn i yng Nghroes-lan, yn agos at ei ffrindiau, am bedair blynedd ar ddeg hyd nes gorfod mynd i gartref yr henoed yn Henllan. Bu'n ffodus o'i chyfeillion a fu'n gofalu amdani megis Mary Davies, Betty Evans a Hannah Thomas, a theulu yn galw'n aml. Mae yna ddywediad da – 'Mae ffrindiau agos yn well na theulu ymhell' – profodd pobl dda'r ardal hon fod hynny'n wir.

Fy hoff atgofion o'r fferm yw'r cynaeafau. Byddai ardal gyfan yn dod at ei gilydd adeg cynhaeaf gwair, codi tato a dyrnu. Pawb yn gwneud yn eu tro ac yn helpu ei gilydd. Doedd byth cwympo mas tro pwy oedd hi nesaf. Y gwŷr a'r gwragedd yn cymryd rhan wrth gywain gwair a chodi tato, ac yna dynion yn unig wrth y dyrnu os nad oedd eisiau cymorth gyda'r bwyd. Byddai galwyni o gwrw sinsir yn barod ers dyddiau a'r poteli yn bostio'n aml! Roedd tipyn o alcohol ynddo – y berem wedi gwneud ei waith! – ac rwy'n cofio un neu ddau yn cerdded adre o un clawdd i'r llall, wedi yfed gormod! Erbyn heddiw collwyd y cyfan hyn. Dewch â'r dyddiau'n ôl!

Ai creulondeb ynteu daioni yw anfon plentyn i ffwrdd oddi wrth ei deulu i gael ei fagu? Rwy'n adnabod chwech o bobol a gafodd yr un profiad â fi, ac mae profiadau'r chwech yn dangos bod gadael eu teulu wedi cael effaith niweidiol arnyn nhw weddill eu bywyd. Roedd dwy yn Chwiorydd mewn ysbytai y bues i'n gweithio ynddyn nhw. Fe geisiodd un gyflawni hunanladdiad; fe fu hi'n cael cinio gyda fi'r dydd o'r blaen wedi i mi sôn fy mod yn ysgrifennu'r llyfr yma. Dweud yr oedd hi ei bod wedi methu ffurfio perthynas â neb. Yn wir, roedd wedi bod yn briod ddwywaith a thor-priodas y ddau dro, yn bennaf am na fedrai garu neb. Roedd dau arall wedi ceisio cyflawni hunanladdiad ar ryw adeg yn eu bywyd a'r chwech wedi cael triniaeth mewn ysbytai seiciatrig am iselder ysbryd.

Wrth edrych 'nôl dwy i ddim yn beio fy rhieni. Rwy'n siŵr eu bod yn meddwl mai mynd oedd y peth gorau. Roedd y peth yn gyffredin yng Nghymru yn yr amser a fu. Ond rwy'n credu mai'r lle gorau i blentyn yw gyda'i deulu ei hun.

Ond, mae dwy ochr i bob stori ac rwy'n ddiolchgar i deulu Alltycnydau am eu gofal a'u magwraeth. Rwy'n siŵr fod Evan a Lisa wedi cael pleser o weld fy llwyddiant yn yr ysgol a'r coleg, a'm gwaith wedi hynny, a chawsant was bach am flynyddoedd! Cafodd Anti Annie y profiad o godi plentyn. Mae hen ddihareb Gymraeg sy'n dweud llawer o wir ac fe roddais ef ar garreg fedd Anti Annie – yn syml

EIL FAM, MODRYB DDA.

Ysgol Fach

I YSGOL COED-Y-BRYN YR ES i wedi dod i fyw i fferm Alltycnydau. Treuliais fy nyddiau cynnar yn Hwlffordd lle nad oedd dim Cymraeg, heblaw ar yr aelwyd, wrth gwrs, a phrofiad pleserus oedd mynd i ysgol lle roedd y Gymraeg ar iard yr ysgol.

Ond roedd un broblem fawr yng Nghoed-y-bryn – sef y ffaith fod plant nad oeddent yn mynd i'r Ysgol Ramadeg yn aros yno tan eu bod yn 15 oed. Doedd dim addysg uwchradd fodern bryd hynny. Yn anffodus, doedd chwarae plentyn bach 6 oed ddim yr un peth â chwarae plentyn 15 oed. Felly doedd plentyn bach yn aml ddim yn cael chwarae teg wrth orfod chwarae gyda phlant mawr. Ond fe wnes i lawer o ffrindiau yn ysgol fach Coed-y-bryn – megis Ricey Thomas y bues i'n was priodas iddo ef a'i wraig Wendy.

Roedd fferm Alltycnydau ddwy filltir o'r ysgol ac roedd hi'n daith galed gan fod dwy riw serth, yn ymestyn am dros filltir, ar y ffordd o Groes-lan i Goed-y-bryn. Yn y gaeaf fe fyddai'n dywyll pan fyddwn i'n cychwyn cerdded i'r ysgol ac i blentyn ofnus roedd yn anodd ar brydiau. Ger fferm Panteg fe fyddai sipsiwn yn aros yn yr haf, y garafán yng nghysgod y clawdd, ceffyl wedi'i glymu gerllaw yn pori a'r milgi ynghlwm â chorden wrth olwyn y garafán. Wrth fynd heibio roedd llwybr ar y chwith yn arwain at ffynnon. Roedd fy modryb yn arfer dweud bod Ladi Wen yno a byddai hyn yn chwarae ar feddwl plentyn ond ar yr un pryd yn hwb i mi frysio adref!

Fe fyddwn i'n cerdded ar fy mhen fy hun nes cyrraedd Nurseries, Maesllyn. Yno cawn groeso cynnes bob amser gan Tom a Rachel Davies a'r plant Doreen, Nansi, Ifor, Gerald a

Cecil. Cerddwn i mewn i'w tŷ nhw fel pe bawn i adre, a byddai'r daith yn rhwyddach wedyn wedi cael cwmni Gerald a Cecil.

Un atgof chwerw sydd gennyf o ysgol Coed-y-bryn yw'r bwlio a welais yno. Daeth bachgen 13 oed, crwt mawr cyhyrog, gwallt golau i'r ardal o wlad Estonia. Cafodd Estonia amser caled o dan y Rwsiaid ond daeth yn wlad rydd yn ddiweddar. Ar y ffordd adre o'r ysgol byddai'r bechgyn hynaf yn ei guro â dyrnau i'w asennau ac yn y blaen, a does dim amheuaeth nad oedd ei gorff yn gleisiau i gyd ar adegau.

Beth sydd yn natur dyn sy'n peri iddo fod yn greulon fel hyn? Fel meddyg fe welais effeithiau creulondeb a chasineb ar hyd fy oes. Fe fues i'n gweithio mewn ysbyty plant, a'r babanod hyd yn oed yn dod i mewn â chleisiau arnyn nhw – efallai hyd yn oed gydag asennau wedi'u torri neu organau yn y bol wedi'u niweidio – rhai'n marw. Fel arfer fe fyddai'r teulu'n dweud eu bod nhw wedi cwympo lawr y stâr, a'r crwner yn dweud mai damwain oedd yr achos. Diolch byth, mae meddygon yn deall yn well erbyn hyn ac yn gwneud yn siŵr nad y tad a'r fam sy wedi achosi'r doluriau.

Yn fy ngwaith fel meddyg gwelais gleisiau ar oedolion hefyd – ran amlaf y gŵr yn greulon wrth ei wraig a hithau'n ceisio cuddio hynny. Mae rhai yn dioddef oes o gam-drin. Gwelais ddynes 80 oed yn fy mhractis, a'i gŵr yn enwog yn yr ardal, yn gleisiau bob tro yr awn i'r tŷ. Byddai'r gŵr yn dweud ei bod hi wedi cwympo. Wyddon ni ddim beth sy'n mynd ymlaen tu ôl i ddrws clo.

Mynnodd fy mhrifathrawes yn ysgol Coed-y-bryn fy mod yn eistedd yr arholiad 11+ pan oeddwn yn 10 oed am ei bod yn siŵr y gwnawn lwyddo. Gwir ei phroffwydoliaeth. Fe ddes i'n drydydd allan o 100 o blant ond, wrth edrych yn ôl, gallaf ddweud heb amheuaeth mai camgymeriad oedd defnyddio fy ngallu yn gynamserol a mynd i'r Ysgol Ramadeg yn Llandysul yn 10 oed. Fe ddarllenais yn ddiweddar am ferch yn mynd i goleg Rhydychen yn 13 oed a'i thad yn ei chludo ar ei feic ac yn eistedd wrth ei hochr yn y darlithoedd! Mor bwysig yw aeddfedu'n amserol ymhob ffordd. Er bod y gallu yno i lwyddo yn y gwersi, nid yw plentyn wedi aeddfedu yn gymdeithasol ac yn rhywiol ac yn y blaen.

Rhaid i mi gyfaddef fod bywyd ar y fferm yn gallu bod yn unig ac fy mod yn gweld eisiau cwmni fy mrawd. Yn wir, gyda'r nos yn y tŷ fe fyddwn i'n darllen llawer ac yn mwynhau astudio. Doedd dim radio i dynnu fy sylw tan oeddwn i'n 14 oed heb sôn am gyfrifiadur a gêmau cyfrifiadurol! A doedd dim teledu bryd hynny – ar wahân i un neu ddau yn yr ardal. Os oeddwn i eisiau clywed Cymru yn chwarae rygbi rhaid oedd mynd draw i Siop Croes-lan lle byddai llond stafell o bobl yr ardal wedi dod i glywed y gêm. Yn wir, roedd prinder chwaraeon ar yr aelwyd hefyd, ond mae gen i gof am Anti Lisa a'i byrdwn wrth chwarae tipit,

Bwrddwn, bardwn.
P'un o'r ddau ddwrn?
Dicw dac, dacw fo!

Dim ond ar ôl i mi basio fy arholiad Lefel O y cafwyd radio. Roedd y radio'n gweithio ar fatri gwydr oedd yn llawn asid, a rhaid oedd ailegnïo'r batri bob hyn a hyn. Rwy'n cofio mynd â'r batri lawr i ffatri Towerhill. Rhaid oedd byw heb radio am dipyn gan fod y broses yn cymryd rhyw dri neu bedwar diwrnod.

Gyda'r nos byddai fy modryb yn gwinio llawer a byddai'n gwneud matiau allan o gorden beinder. Ceid cystadlaethau yn yr eisteddfodau lleol i wneud y mat corden bcinder gorau, a chafodd fy modryb lawer gwobr. Roedd yn rhaid plethu'r gorden, tri llinyn ar y tro. Yna wedi penderfynu ar batrwm, ei winio â nodwydd fawr. Byddai rhai yn lliwio'r gorden beinder a chreu matiau amryliw.

Byddai fy modryb a'm hewythr yn ceisio fy niddanu drwy

chwarae *ludo* a drafftiau. Anaml iawn oedd y digwyddiadau – dim ond i ambell eisteddfod neu gyngerdd ac i ffair Castellnewydd Emlyn.

Ond roedd cymdeithas gref yn yr ardal ac roedd pobl yn gwneud y pethe 'dyn nhw ddim yn eu gwneud heddiw – sef ymweld ag aelwydydd ei gilydd. Byddai cymdogion yn galw a ninnau'n galw gyda chymdogion i gloncan a chwarae cardiau. Roedd Ewythr Ifan yn frawd i Kit Glyniscoed, Ffostrasol, rhyw dair milltir i ffwrdd ac ar aelwyd Glyniscoed cefais gyfle i adnabod y ddau frawd Gwilym ac Evan Jones, dau gymeriad hoffus. Roedd Gwilym yn glyfar iawn gyda'i ddwylo, a dangosodd i fi sut i wneud llawer o grefftau cefn gwlad. Roedd e'n gallu gwneud gwyntelli o wiail helyg ac fe fyddai'n mynd yn flynyddol i Sioe Caerdydd i ddangos enghreifftiau o'i grefft, ac mae ei lun yn yr amgueddfa yn Sain Ffagan o hyd.

Crefft arall oedd defnyddio brwyn wedi eu casglu o lawr y cwm i wneud pethau fel ratl i blant. Mae'r ratl frwyn gyda cherrig mân a wnaeth Gwilym i'r plant gyda fi o hyd ers dros 40 mlynedd. Trysoraf hefyd y pethau cain y byddai e'n eu gwneud o wellt ac mae iddyn nhw le anrhydeddus yn ein tŷ ni.

Ysgol Fawr

Rhaid i mi ddweud fod y blynyddoedd yn Llandysul wedi bod gyda'r hapusaf yn fy mywyd. Ysgol Ramadeg mewn ardal wledig oedd hi, gyda thua 450 o blant, a dim fawr o drwbwl gyda disgyblaeth, a'r athrawon yn dda.

Y prifathro a brenin ar y cyfan oedd T Edgar Davies, Davies Bach i ni'r plant. Gŵr byr, boliog a'i harnes dros ei wasgod, tsiaen aur a sofren yn hongian wrthi. Roedd wedi graddio yn MA o Goleg Iesu, Rhydychen, a'i hoff hobi oedd ei gi Pecineaidd a oedd yn ei gyfarch bob amser wrth y drws. Cofiaf lawer o'i ddywediadau ac efallai mai'r gorau ohonyn nhw oedd pan fyddai rhywun yn ymddwyn yn ddwl neu'n dwp – "Synnwyr cyffredin – y mwya prin o'r holl synhwyrau". Y llall oedd yn y gwasanaeth ar fore Llun a thîm yr ysgol wedi gwneud yn dda – "Fe fyddwch chi'n falch clywed…". Dyn unig oedd e yn byw i'r ysgol a wnaeth e ddim yn gymdeithasol yn y pentref, ond credaf ei fod yn brifathro da.

Cefais ddechrau gwych yn yr ysgol. Roedd rhywun o'r enw Evan Morgan wedi creu ysgoloriaeth oedd yn cael ei rhoi yn flynyddol, sef £30 i'w rannu rhwng y pedwar disgybl newydd gorau yn ysgolion Sir Aberteifi. Rhaid oedd eistedd arholiad tair awr – Cymraeg, Saesneg a Mathemateg. Fe wnaeth dau ohonon ni ennill a chael siec o £7.50 yr un – arian mawr bryd hynny! Fe es i 'nôl i Alltycnydau â'r siec ond welais i mohoni byth wedyn!

Leslie Harris, neu Harris Bach, oedd yr athro Cymraeg, ac rwy'n ei gofio'n dod i mewn i un o'r gwersi adeg Eisteddfod Genedlaethol Bae Colwyn 1947, a heb ddweud gair, yn ysgrifennu ar y bwrdd esgyll englyn Dewi Emrys i'r 'Gorwel',

Hen linell bell nad yw'n bod,
Hen derfyn nad yw'n darfod.

Mae esgyll hwnnw wedi aros yn fy nghof o hyd, ei symledd a'r darlun mor gofiadwy! Roedd ei ferch Dwynwen gyda ni yn yr ysgol. Ond rhaid cyfaddef imi deimlo casineb tuag at Harris byth oddi ar ddwy flynedd ynghynt pan ofynnodd i mi ddarllen yn y wers, gyda 30 o ddisgyblion eraill yn y dosbarth yn fy nghlywed yn cymryd chwarter awr i ddarllen pedair llinell. Roedd yn brofiad diflas iawn a doedd dim eisiau hynny. Roedd e a phawb yn gwybod am fy mhroblem atal dweud.

Daeth tair athrawes newydd i'r ysgol yr adeg yma, newydd ddod o'r coleg gallwn feddwl, merched hyfryd. Roedd un ohonyn nhw'n gwisgo sgert fwy byr na'i gilydd, ac yn eistedd o flaen y dosbarth a'r ddwy goes dipyn ar led. Roedd dau neu dri o'r bechgyn yn eistedd yn union o'i blaen, tua phedair rhes 'nôl. Roedd hormonau yn cymryd eu heffaith yn yr oed yma, a diddordeb mawr yn yr athrawes ifanc. Fe allech chi glywed ambell bensil yn cwympo, ac un neu ddau o'r bechgyn yn plygu lawr i'w godi, ond y gwir oedd, i weld yr olygfa o'u blaen!

"Pa liw?" meddai un wrth y llall.

"Dim yn siŵr," medde hwnnw.

"Rho bip," a phensil arall yn disgyn ar y llawr.

Doedd gan yr athrawes druan ddim syniad pam roedd yr holl bensiliau yn cwympo!

Roedden ni'n cael cinio yn yr ysgol wrth gwrs, er bod rhai oedd yn byw yn agos yn mynd adref. Dyma'r awr i lanw'r bol a chwarae, yn y drefn yna. Rhaid canmol y gwragedd oedd yn paratoi'r bwyd bendigedig, ac ni chefais erioed fwyd nad oedd yn flasus. Fy hoff bwdin oedd *Spotted Dick* wedi'i foddi â chwstard – nefoedd ar y ddaear, ac mae'r hoffter ohono wedi para hyd heddiw. Yn wir, bu un neu ddau o'r bechgyn yn gwerthu'r wledd am chwe cheiniog, ac ymhen amser fe ddes i wybod mai eisiau'r arian oedd arnyn nhw i smocio. Yr enwocaf oedd Cyril Thomas, 'Cyr Bach', pysgotwr penigamp, ond yn ddibynnol ar y cemegau yn y tybaco. Dros y blynyddoedd effeithiodd y mwg ar ei ysgyfaint. Daeth *emffysema*, a bu farw yn ifanc, tua 50 oed. Mae wedi'i gladdu ym mynwent yr eglwys leol, lawr ger yr afon – ac ar ei garreg fedd y geiriau *'Gone Fishing'*. Gwers i bawb sy'n mwynhau mwgyn!

Dylwn sôn am un o'r cymeriadau ymysg yr athrawon, sef Mr Sweet – neu Dai Loshin fel y bydden ni'r plant yn ei alw. Roedd e'n dal iawn, dros chwe throedfedd, a herc yn ei gerddediad – wedi colli rhan o'i goes yn y Rhyfel Byd Cyntaf. Roedd ei brofiadau yn ffosydd Ffrainc wedi effeithio ar ei nerfau, a doedd dim dal beth fyddai ei ymateb i wahanol sefyllfaoedd. Roedd fy ewythr T Llew Jones yn adrodd am Dai Loshin yn marcio traethodau Sacsneg ac yn methu credu, gan fod y gwaith mor dda a dychmygus, ei fod e wedi ysgrifennu'r erthygl ei hunan. "Dewch yma 'machgen i!" meddai Dai Loshin, ac allan ag ef o flaen y dosbarth gan feddwl fod yr athro yn mynd i'w ganmol am ei waith.

"Chi sgrifennodd hwn?"

"Ie, syr," oedd yr ateb, a chafodd fonclust yn y fan a'r lle!

Amser y toriad yn y gwersi, tua un ar ddeg y bore, pwy oedd yn goruchwylio allan yn yr awyr agored ar fore'r 5ed o Dachwedd, 1947 ond Dai. Dydd y tân gwyllt i gofio Guy Fawkes, a'r bechgyn wedi dod â chyflenwad i'r ysgol. Safodd un o'r bechgyn tu ôl i Dai Loshin a thanio *banger*. Bu ergyd ddychrynllyd a Dai yn tasgu troedfedd o'r llawr. Doedd dim gobaith gwybod pwy oedd y gwalch oedd yn gyfrifol. Creulon iawn, o gofio bod Dai yn dioddef o *shell shock*! Mae plant yn gallu bod yn greulon.

Gwelais ochr arall ohono amser yr eira mawr yn 1947. Dai oedd yn cymryd y dosbarth Beiblaidd a rhaid oedd darllen adnodau. Arferai un o'm cyd-ddisgyblion ddarllen yn fy lle heb yn wybod i'r gŵr cloff yn y ffrynt. Rhyw ddau ohonon ni oedd yno'r diwrnod hwnnw a rhaid oedd cael y dewrder i ddweud wrtho na allwn i ddarllen yn uchel o achos yr atal dweud. Dywedodd wrtha i, "Paid gofidio 'machgen i, mae llawer o bobol yn dioddef o'r un cyflwr, gan gynnwys y brenin presennol, George VI, a dyw e ddim wedi rhwystro iddyn nhw lwyddo mewn bywyd." Enwodd ddau neu dri arall a ddioddefai yn yr un modd a bu fy marn ohono yn hollol wahanol ar ôl hynny.

Un o'm hoff bynciau oedd gwaith coed. Yn y drydedd flwyddyn, y gwaith cartref un wythnos oedd darlunio ebill taradr a ddefnyddia'r saer i dorri twll mewn pren. Arferai fod yn gystadleuaeth dynn, a daeth dydd y barnu. Cafodd un o'm ffrindiau 95 y cant ond, pan ddaeth fy nhro i, cefais 98 y cant. Doedd neb yn credu'r peth, a deuai bechgyn hŷn i weld y gwaith a'r marciau. Mentraf enwi dau ohonynt sef Louis Thomas a'r diweddar Irwel Jones. Rhaid i fi ddweud yn onest fy mod yn credu 'mod i wedi cael ffafraeth gan fod yr athro gwaith coed, Santley Jones, yn dod o Beulah ac yn ffrindiau mawr â'm Wncwl Dewi!

Sgwâr Croes-lan oedd y lle i gwrdd i ddal y bws plant ysgol. Roedd yno, fel sydd o hyd, siop yn gwerthu papurau, bwyd a phopeth arall. Yn y siop y bydden ni'n darllen y *Western Mail* yn y bore i weld sut oedd Morgannwg yn llwyddo gyda'u gêmau criced, yna ei roi lawr heb ei brynu ar ôl gweld y canlyniadau! Chofia i ddim o wraig y siop yn ein beio am wneud hyn.

Am fy mod i'n gyfarwydd â gweithio'n galed ar y fferm – yn carthu beudy, cario dŵr, cywain gwair, taflu ysgubau, a phob math o waith corfforol arall – roeddwn yn grwt cryf ac oherwydd fy nerth corfforol fe enillais y campau athletaidd oedd yn gofyn am gryfder corfforol ac ennill y *Champion Junior Boy* yn y mabolgampau yn 1948 dan 15 oed, a derbyn cwpan arian mawr am gynrychioli Tŷ Tysul. Pedwar peth roeddwn i'n dda ynddyn nhw – taflu pwysau, taflu disgen, taflu jafelin a thaflu pêl griced.

Roeddwn i'n ennill ar bob un, ond roeddwn i'n rhy drwm i redeg yn gyflym.

Rhaid oedd cystadlu yn y ddisgen yn y Mabolgampau Sirol (Aberteifi a Chaerfyrddin gyda'i gilydd bryd hynny). Roeddwn yn falch iawn i ennill a chreu record newydd. Mae'n anodd credu ond doedd neb wedi fy nysgu yn y dechneg o daflu a dim ond unwaith o'r blaen roeddwn wedi gweld disgen.

Fe ges i fynd mlaen wedyn i gynrychioli Sir Aberteifi a Sir Gaerfyrddin yn y Mabolgampau Cenedlaethol yn Wrecsam. Ond roedd y diffyg hyfforddi a'r diffyg techneg – a nerfau! – yn fy erbyn i a phedwerydd y des i, ond y peth rhyfedd oedd bod yr enillydd heb daflu mor bell â'm record i yng Nghaerfyrddin. Arnaf i roedd y bai, a gŵr y tŷ lle roedden ni'n aros. Meddwyn o ddyn oedd e, a daeth i mewn i'r tŷ wedi i'r tafarn gau gan wneud y sŵn rhyfeddaf – cnoco ar ddrws fy ffrind a minnau a cheisio dod i mewn. Diolch byth ein bod wedi cloi'r drws neu wyddon ni ddim beth fyddai wedi digwydd. Chysgon ni ddim llawer ar ôl hynny!

Daeth canlyniadau arholiadau Lefel O. Roedden nhw'n ddigon da i fi fynd i'r chweched dosbarth i astudio Ffiseg, Cemeg a Bioleg gan obeithio mynd yn feddyg. Dwli oedd gwneud hyn a finnau ond yn 14 oed, ond roedd hi'n rhy hwyr i arafu'r astudiaethau ac felly bant â'r cart. Roedd dau o'r athrawon yn dda iawn, Tim Ffiseg a Llew Cemeg, ond roedd gennyf broblem gyda Bioleg. Darllenodd yr athro Bioleg y syllabus ar y diwrnod cyntaf, ond dim ond un wers iawn a gafwyd ganddo mewn dwy flynedd a hynny pan ddaeth yr HMI i'r lle. Un microsgop oedd rhwng deg ohonon ni. Doedd neb erioed wedi pasio'r pwnc y tro cyntaf. Sylweddolais ei bod yn rhaid i fi fynd ati i ddysgu fy hunan – gan na fyddai'r athro yn dysgu dim i fi.

Ysgrifennais at Foyles, siop lyfrau fwyaf Llundain bryd hynny, a chael dau lyfr enwog, un ar Fotaneg gan Lawson a'r llall ar Swoleg gan Grove a Newell. Fe fu'n rhaid i fi ddysgu fy hunan allan o'r llyfrau hyn, a phan ddaeth arholiadau Lefel A, roedd gennyf wybodaeth dda heb fawr o ddysgu ffurfiol.

Rydych chi siŵr o fod yn meddwl sut y des i ben â'r ochr dadansoddi mewn Bioleg. Wel, roeddwn i'n lwcus fy mod i'n byw ar fferm ac fe fyddwn i'n cael corff cwningen neu froga ac yn dadansoddi'r corff ar fy mhen fy hun. Fe brofais fod yr hen ddihareb yn wir – 'Gwell nag athro yw arfer'.

Pan ddaeth yr amser cefais dair 'A' ac roeddwn yn barod i fynd i goleg meddygol. Ond roedd pawb yn sôn fy mod yn rhy ifanc; felly, fe fu'n rhaid i fi fynd 'nôl i'r ysgol er bod y flwyddyn yn wastraff gan fy mod i eisoes wedi pasio'r arholiadau. Dywedodd y prifathro, Davies Bach, y gallwn ddysgu'r lleill sut oedd llwyddo! Gwnaeth fi yn Brif Fachgen yr ysgol.

Y Prif Fachgen Drygionus

Pan ddaeth y flwyddyn i ben fe es i i'r cyfweliadau ar gyfer mynd i Ysgol Feddygol, un yn Llundain a'r llall yn Charing Cross. Dyna ddiwrnod mawr, crwtyn o Groes-lan, newydd ddechrau gwisgo trowser hir, yn ymddangos o flaen hanner dwsin o arbenigwyr meddygol mwya'r wlad. Dal trên yng Nghaerfyrddin, wedi cytuno cwrdd ag un o'r teulu, Mari, merch Blaenllan ger Llangynllo, yn Paddington. Sut yn y byd roedd hi'n mynd i fy nabod i, a minnau heb erioed gwrdd â hi o'r blaen? Cytunwyd fy mod i wisgo sgarff lliw melyn a du'r ysgol, a bu'r cyfarfod yn rhwydd a llwyddiannus. Gweld yr orsaf am y tro cyntaf, cymaint yn fwy nag un Llandysul!

Er gwaethaf fy atal dweud roeddwn yn benderfynol o geisio gwneud argraff. Gofynnodd un o'r pwyllgor i mi a oeddwn wedi chwarae criced yn erbyn ysgol Tregaron – roedd y prifathro wedi dweud yn fy nhystlythyr fy mod yn aelod o dîm yr ysgol. Daeth hyn yn syndod imi, ond ymhen amser fe ddes i wybod pwy oedd y meddyg a ofynnodd y cwestiwn, sef Dr William Evans, oedd wedi ei eni yn fferm Tyndomen ger Tregaron. Bach yw'r byd! Fe ddes i adre drannoeth yn ddyn bras, wedi gwneud rhywbeth na wnaeth fy Ewythr Evan erioed – mynd allan o Gymru, a hynny i Lundain!

Yn anffodus roedd canlyniad y cyfweliadau'n siomedig. Roedd pob Ysgol Feddygol am fy nerbyn, ond roedden nhw'n barnu fy mod yn rhy ifanc ac y dylwn i aros blwyddyn hyd nes oeddwn i'n 18 oed. Y dybiaeth oedd bod neb yn ddigon aeddfed i astudio meddygaeth tan yr oedran hwnnw. Roeddwn i'n siomedig iawn – roeddwn i wedi mynd 'nôl i'r ysgol i wastraffu un flwyddyn yn barod! Ond daeth golau ar y gorwel. Llythyr o Gaerdydd i ddweud eu bod yn fodlon i fi ddechrau yn yr Ysgol Feddygol yn 17 oed. Dros nos fe gododd y cymylau du!

Ar ôl clywed fy mod yn cael mynd i'r coleg efallai fy mod i wedi bod yn fwy drygionus fyth yn yr ysgol, os oedd hynny'n bosib! Arferai'r prifathro gadw amser y gwersi i'r funud, ac roedd cloch yr holl ystafelloedd yn cael ei rheoli gan fotwm ar bwys drws ei ystafell. Roeddwn i wedi darganfod fod y batri trydan oedd yn rhoi ynni i'r gloch yn y labordy Cemeg, bod cysylltiad cyfochrog i'r system ac y gallwn ganu'r gloch dim ond i fi gael dwy wifren i gwrdd â'i gilydd. Penderfynwyd un amser cinio i ganu'r gloch o'r labordy Cemeg pan nad oedd yr athro yno. Byddai'r prifathro fel arfer yn dod lawr o'i dŷ ar ôl bwyta cinio ac yna'n mynd yn syth i'w ystafell i ganu'r gloch i ddechrau gwersi'r prynhawn. Rhaid oedd amseru'r cyfan yn berffaith.

Roedden ni'n gallu gweld y prifathro yn troedio'n araf lawr y grisiau. Pan oedd e tua deg llath o'r drws a llawer o'm ffrindiau i yn sefyll i edrych, rhoddais y ddwy wifren at ei gilydd a dyma'r gloch yn canu'n hyfryd! Edrychodd yn syn ac meddai, "Mae'n rhaid bod yna ysbryd yma'n rhywle!" Ie, y bachgen a oedd i fod i roi esiampl fel Prif Fachgen oedd y mwya drygionus!

Un tric arall drygionus! Am fy mod i'n Brif Fachgen roeddwn i'n cael copi o allwedd oedd yn gallu agor pob drws yn yr ysgol. Dim ond unwaith y gwnes i ei chamddefnyddio a hynny pan oedd eisiau mynd adre'n gynnar arna i. Roedd twr mawr yn yr ysgol a chloc yr ysgol arno ac roedd y drws i'r tŵr wedi'i gloi bob amser. Fe aeth fy ffrind, Odwyn Jones, a fi i dŵr y cloc drwy ddefnyddio fy allwedd arbennig i a throi braich y munudau ymlaen chwarter awr! Fe glywon ni gloch yr ysgol yn canu, ac i ffwrdd â ni. Fe achosodd hyn gryn helynt gan fod y gofalwr yn credu bod braich y cloc wedi llithro! Fe dreuliodd e'r penwythnos yn tynhau pob nyten ac yn rhoi olew lle y tybiai yr oedd eisiau. Ddaeth neb i wybod y gwir hyd nawr.

Ar hyd y blynyddoedd, meibion fferm Tower Hill, Evan a Benji, ein cymdogion agosaf a ffrindiau mawr, oedd yn torri fy ngwallt. Ond yn y chweched dosbarth roedd fy ffrindiau yn mynd at farbwr yn Llandysul, a'r lle yn ganolfan hanesion a sbri. Felly fe benderfynais fynd at farbwr Llandysul am y tro cyntaf. Wedi cael cneifiad da ganddo rhaid oedd talu ac wrth i fi dalu gofynnodd i fi, "Sawl pacyn wyt ti'n moyn?" A dweud y gwir, doeddwn i ddim yn gwybod beth roedd e'n feddwl, ond i beidio â'i siomi, dywedais, "Un". Es i mas o siop y barbwr a mynd rownd y cornel i edrych beth oedd yn y pecyn bach – ie, tri condom! Rhoddais i nhw yn fy mhoced a bant â fi adref. Wrth fynd lawr y lôn i'r fferm meddyliais, beth pe bai modryb yn gweld y balwnau! A chyn cyrraedd y tro, rhyw hanner can llath o'r tŷ, torrais dwll mewn mwsogl yn y clawdd ac yno maen nhw o hyd, hyd y gwn i!

Cyn gorffen sôn am ysgol Llandysul rhaid i mi sôn am gyfaill agos a fu farw'n ifanc iawn. Bachgen disglair a enillodd wobr Ysgoloriaeth Evan Morgan 'run pryd â fi, sef Trefor Owen, Rhyd, Capel Cynon. Cafodd ei ladd mewn damwain yn ei awyren ar y 7fed o Orffennaf 1955. Roedd yn grwt mentrus iawn yn ystod dyddiau ysgol. Cofiaf amdano yn rhoi bwled mewn feis, agor y ffenestr, ac yna'n taro hoelen i ben-ôl y fwled a BANG!! Dro arall bu'n gweithio tân gwyllt, ac aeth y powdwr ar dân yn ddisymwth a llosgodd ddau fys yn ddifrifol. Criced oedd yn mynd â'i fryd. Roedd e ddwy flynedd yn hŷn na fi, ond bûm yn eistedd ar ei bwys am dair blynedd yn yr ysgol. Bachgen galluog iawn a allai fod wedi astudio unrhyw bwnc mewn unrhyw goleg, ond dim ond un peth oedd ar ei feddwl ers yn ifanc – cael bod yn beilot – ac fe lwyddodd i wneud hynny.

Aeth i goleg yr Awyrlu yn Cranwell a daeth allan yn *Flight Lieutenant*. Symudodd i Gernyw a byddai'n hedfan ei awyren jet dros Ffostrasol ac Ysgol Llandysul mor aml ag y gallai gan wneud pob math o driciau yn yr awyr. Un dydd roedd yn ardal Trevose Head pan drawodd graig a chael ei ladd. Cefais yr alwad i fynd gyda'i dad i'r angladd. Collais ffrind annwyl. Ar ei garreg fedd ym mynwent Bwlch-y-groes mae'r cwpled:

Un gwrol mewn gorfoledd,
Uwchlaw'r byd ac uwchlaw'r bedd.

Diflas oedd gadael fy nghyd-ddisgyblion pan ddaeth yr amser. A minnau wedi cael fy nghodi'n unig blentyn, bu'r blynyddoedd gyda nhw'n rhai hapus, a rhwydd oedd ffurfio perthynas. Colled i mi oedd fy mod wedi gorfod gweithio mor galed heb amser i'w gweld yn y blynyddoedd ar ôl gadael ysgol. Bu'r aduniadau bob blwyddyn, felly, yn ddyddiau mawr a chaem hwyl wrth ddwyn i gof y gorffennol. Diolch i bawb o'r dosbarth; mae pob un ohonoch chi wedi cyfoethogi fy mywyd!

Ysgol Feddygol

Pam y penderfynais i fod yn feddyg? Wrth edrych 'nôl rwy'n gallu gweld fod nifer o bethau wedi dylanwadu arna i. Roedd yn well gyda fi wyddoniaeth na'r pynciau eraill, er bod y Gymraeg yn agos i'r galon. Oherwydd fy atal dweud fedrwn i ddim bod yn athro mewn ysgol neu ddarlithydd mewn coleg neu'n bregethwr. Roeddwn i'n hoff o bobol ac yn hoffi astudio pobol a sylwi ar y gwahaniaeth rhwng un a'r llall o ran corff a meddwl. Roedd ardal Llandysul, wrth gwrs, yn enwog am gynhyrchu meddygon.

Roedd Sidney Ifor Davies, mab hynaf Nurseries, Maesllyn, wedi mynd i'r coleg yng Nghaerdydd i fod yn feddyg. Roedd e'n arfer astudio mewn hen gwb ffowls ar y fron uwchben y pentre ar y ffordd i Goed-y-bryn. Byddai'n cael llonydd yno. Roeddwn i'n teimlo os oedd e'n gallu gwneud yn dda yna y gallwn innau hefyd! Mae'n debyg mai dyna beth oedd ei frawd ifancaf Cecil yn ei feddwl hefyd achos fe ddaeth e i'r coleg yng Nghaerdydd flwyddyn ar fy ôl i.

Roeddwn yn dda iawn gyda'm dwylo ac fe fyddai hyn yn fantais i mi pe bawn eisiau bod yn llawfeddyg. Roedd gennyf ddwylo dethau ac roeddwn yn dda mewn gwyddoniaeth. Pan oeddwn i yn y chweched dosbarth, heb yn wybod i mi, aeth fy ewythr a'm modryb lawr i'r ysgol i ofyn i'r prifathro a oedd y gallu ynof i basio'n feddyg. Llond basged o wyau ffres oedd yr anrheg iddo – sut gallai hwnnw druan ddweud "Na"! Pan ddaeth y dydd i mi fynd i'r coleg, roedden nhw'n hyderus y byddwn yn llwyddo, ac fe benderfynon nhw werthu'r fferm ac ymddeol.

Cyn i mi adael daeth llawer cyngor oddi wrth ffrindiau'r ardal. Cofiaf Ben Howell, a oedd wedi bod yn y Llynges, yn dweud,

"Cadw olwg ar y bobol *homo* 'na – mae llawer ohonyn nhw yng Nghaerdydd." A dweud y gwir, er fy mod wedi clywed am y fath bobol ni wyddwn lawer amdanyn nhw! "Y ffordd orau i nabod nhw," meddai Ben, "yw eu bod nhw'n gwisgo sgidiau swêd." Fe dreuliais i'r tri mis cyntaf yn syllu ar draed pobol!

Cymeriad annwyl oedd Ben Howell. Roedd yn saer gyda Chyngor Sir Aberteifi â'i ganolfan yn Llanbedr Pont Steffan. Cwrddodd â merch hyfryd o'r lle, a'r ddau'n caru'n dynn, ac yn y gaeaf bydden nhw'n caru yn Swyddfa'r Cyngor! Clywodd y pennaeth am y peth a dyma fe'n galw Ben i'w swyddfa i gael gair gydag e.

"Rwy'n clywed eich bod chi'n gwastraffu trydan ac arian y cyhoedd – mae tân a golau ymlaen yma wedi pump o'r gloch."

"Dyw hynny ddim yn wir," meddai Ben, "roedden ni yn y tywyllwch!"

Y peth pwysicaf ar y diwrnod cyntaf yn y coleg oedd cofrestru, chwe deg ohonon ni. Mwy o fechgyn na merched a thri yn groenddu. Roedd tua deg ohonon ni'n siarad Cymraeg, a hyfryd oedd siarad yr heniaith. Pan atebais fy mod yn bresennol fe gefais yn sydyn enw newydd. Anodd i'r Saeson oedd dweud 'Gerwyn', a gan fod fy enw cyntaf 'Joshua' yn drawiadol, 'Josh' fues i i bawb o hynny ymlaen. Hyd heddiw mae'r byd meddygol yn fy adnabod wrth yr enw yna, ac rwy'n falch ohono, sef enw fy nhad-cu ar ochr Mam.

Cefais wahoddiad i fynd i ddawns y glasfyfyrwyr ar y nos Sadwrn, minnau yn ateb yn gadarnhaol ond gan wybod na fyddwn yno. Bachgen o gefn gwlad oeddwn i, wedi fy magu ar ffarm heb syniad yn y byd beth oedd *waltz, quickstep* na *tango*. Ond, serch hynny, rhaid oedd dysgu dawnsio ac rwy'n cofio mynd i'r ysgol ddawnsio o dan y Continental yn Heol y Frenhines. Dechrau gyda'r *waltz*, a'r fenyw fach yn dangos – un, dau, tri. Roedd gyda fi ddwy droed chwith ac fe aeth hi adre lawer tro yn gleisiau i gyd!

Ymysg y pynciau roedden ni'n eu hastudio oedd Anatomeg a Ffisioleg. Roedd pawb yn ofni Anatomeg, ac roedd yna dri phrynhawn yr wythnos yn dadansoddi'r corff dynol. Doeddwn i ddim wedi gweld corff marw erioed, ac yn yr ystafell arbennig roedd 15 ohonyn nhw. Rhaid oedd wynebu'r olygfa rywbryd a phenderfynais fynd yno ar fy mhen fy hun.

Y sioc gyntaf oedd gweld bod pob un o'r cyrff yn noeth; roedden nhw wedi'u gosod mewn rhesi ar feinciau yn y stafell. Roedd sinciau a dŵr twym ac oer yn y stafell a digon o sebon a thywelion – y cyfan i olchi'r dwylo i gael gwared â'r fformalin gan ein bod yn trafod y cyrff â dwylo noeth. Roedd y meirw yn gorwedd ar eu cefnau, ond roedd rhan ucha'r corff o'r pen-ôl i fyny ar ongl o 45 y cant. Trechais fy ofnau ac ar ôl bod yno unwaith, daeth pethau'n well.

Roedd e'n waith caled – pedwar ohonon ni'n astudio'r aelodau a'r un nifer o'r flwyddyn o'm blaen yn astudio'r pen a'r frest. Gadawodd pedwar y cwrs yn ystod yr wythnos gyntaf i astudio pynciau rhwyddach. Efallai mai'r fformalin a ddefnyddid i gadw'r corff rhag pydru oedd rhan o'r broblem – roedd hwnnw'n pigo'r llygaid ac yn drewi cymaint nes bod ei arogl rywsut yn aros ar ein dillad.

Rhyw deimlad rhyfedd oedd dechrau dadansoddi'r corff dynol. Er bod y dyn neu'r wraig yn farw ac wedi treulio wythnosau, efallai misoedd, mewn fformalin i gadw'r corff rhag pydru, roedd yn rhaid dangos parch at y corff ac at bob rhan ohono.

Roedd un dyn yn y stafell, sef Mr J O D Wade, llawfeddyg enwog. Roedd e ryw fore yn gwneud llawdriniaeth yn yr ysbyty, ac yn plygu ymlaen wrth ei waith pan deimlodd lwmpyn yn ei gylla. Roedd cancr arno druan, a threuliodd ei fisoedd olaf yn dangos i ni'r myfyrwyr ifanc sut oedd dadansoddi'n berffaith. Dysgais lawer ganddo. Roedd ganddo bum mab, yn feddygon bob un, a'r hynaf ohonynt a wnaeth roi llawdriniaeth i fy nhad cyn ei farw.

Roeddwn i'n lwcus iawn o'r holl ddadansoddi roeddwn

i wedi'i wneud ar y fferm adre yn y garej – agor cwningod, llygod, brogaod, mwydod a physgod. Roedd hynny wedi rhoi medrusrwydd arbennig i fi gyda fy nwylo a gwybodaeth hefyd o anatomeg yn gyffredinol.

Pan ddaeth yr arholiadau mawr wedi deunaw mis roeddwn yn barod. Fe aeth y papurau ysgrifenedig yn dda, ond rhaid oedd cael *viva*, hynny yw, dod wyneb yn wyneb â'r arholwr, ac ateb ei gwestiynau. Ar y ford tu blaen i fi roedd corff a lliain drosto gyda phen y goes a'r pen-ôl wedi eu datguddio. Pwyntiodd yr arholwr at un o'r cyhyrau a gofyn beth oedd ei enw, a dywedais, "*Gluteus medius*" yr un mae ci yn ei ddefnyddio i godi coes wrth biso yn erbyn coeden!" Meddai'r dyn pwysig, "Peidiwch gwastraffu'n amser i. Roeddwn i'n meddwl mai doctor oeddech chi am fod ac nid fet!"

Erbyn hyn roedd e dipyn yn sarrug, a chroen ei din ar ei dalcen e. Aeth i'r pen arall wedyn – yr ymennydd, a'r *substantia nigra* – sef y rhan o'r ymennydd y mae dirywiad ynddo yn arwain at ddolur Parkinson. Roedd diddordeb mawr gyda fi yn y pen hyd yn oed yr amser yma, a chefais gwestiynau caled ond methodd fy llorio.

Daeth amser y canlyniadau, a deall fy mod wedi pasio. Ond roeddwn i wedi blino gormod i ddathlu ar ôl yr holl astudio caled – cwsg oedd eisiau, am wythnos gyfan!

Roeddwn ar groesffordd fawr ac arwyddbost yn y canol. O'm blaen dangosai'r fraich Ysbyty Brenhinol Caerdydd, canolfan y cwrs clinigol, a'm braint oedd mynd yno am dair blynedd gyfan i astudio doluriau dynolryw.

Y ddarlith gyntaf oedd gan yr Athro Scarborough – oedd yn arbenigo mewn meddygaeth; dyn uchel ei barch a meddyg o fri. Roedd yn ddyn chwe throedfedd o daldra a choler ei got wen yn syth i fyny tua'r glust. Roedd pawb yn disgwyl pethau mawr ac ni chawsom ein siomi. Daeth i mewn i'r theatr fel dawnsiwr *ballet*, ac edrych o amgylch, a doedd ganddo ddim nodiadau o gwbl. Yna sgrifennodd ar y bwrdd, "Beth ydw i'n ei wneud fan hyn?" Dywedodd y dylai darlithydd gyffroi, sbarduno a diddori. Fe wnaeth e y tri pheth hynny! Siaradodd am dri chwarter awr ac wrth fynd allan dywedodd, "Dydyn ni ddim yn disgwyl i chi wybod popeth, ond mae'n bwysig eich bod yn gwybod sut mae cael gafael yn yr atebion." Fe fues i'n gweithio gydag e am chwe mis ar ôl i mi basio'n feddyg gan gofnodi a chofio'r gemau a ddaeth o'i enau!

Anghofiaf i fyth un bore, tua saith o'r gloch pan ddaeth dynes 80 oed i mewn, yn oer ei chroen a bron yn anymwybodol, a'i gwres yn 84 gradd Fahrenheit yn lle 97. Gwnes y profion i gyd ac wrth fynd i frecwast, dyma'r gŵr mawr yn dod trwy'r drws a gofyn beth oedd yn bod arni a gofyn am restr o'r profion. Ddywedodd e ddim "Da iawn", dim ond gofyn a oeddwn wedi cynnwys lefel y magnesiwm yn y gwaed! Rhaid oedd i'r uchel rai bob amser ddangos eu bod yn gwybod mwy na'r Meddygon Tŷ. Chawsom ni fyth o'r canlyniad 'nôl o'r labordy – docdden nhw ddim wedi ffwdanu ei wneud. Y diagnosis oedd *Hypothermia*. Roedd yr Athro yn iawn, wrth gwrs, oherwydd pan' mae gwres y corff yn cwympo mewn anifail mae'n gaeafgysgu, ac mae lefel y magnesiwm yn codi'n uchel – os yw'r wybodaeth yna o unrhyw werth i rywun!!

Cawsom ein rhannu'n grwpiau o chwech, i fynd i'r wardiau gyda gwahanol arbenigwyr. Digwyddais fod gyda'r Athro, ond doedd ef ei hunan byth yn dod – doedden ni ddim yn ddigon pwysig. Ei ddirprwy a fu'n ein hyfforddi i bob pwrpas, ac un diwrnod doedd dim un ohonon ni'n gwrando ar ei eiriau ac meddai, "Ydych chi'n gwrando arna i neu ydych chi'n edrych ar y nyrsys pert?" Y gwir oedd ein bod yn gwneud y ddau beth – bob amser!

Y ddarlith gyntaf gan yr Athro mewn llawfeddygaeth oedd ar ddamweiniau i'r pen, gan ganolbwyntio ar y motor-beic, a dweud bod 30 y cant o farwolaethau mewn dynion ifanc rhwng 18 a 30 oed yn cael eu hachosi wrth fynd yn rhy gyflym ar ddwy olwyn. Y ffordd o leihau'r pwysau ar yr ymennydd oedd enemâu o halwynau Epsom (*Epsom Salts,* magnesiwm sylffed) sydd wedi hen fynd allan o ffasiwn heddiw. Cofiaf am glaf yn cael y driniaeth yna, ac wedi iddo ddihuno ar ôl dyddiau o fod yn anymwybodol, yn gofyn i fi a oeddwn wedi deall ei ddolur, mai yn y pen oedd y broblem ac nid yn y pen-ôl!

Yn ystod y tymor yma daeth llythyr oddi wrth yr adran Gynecoleg yn sôn ei bod yn dechrau gwenud A.I.D. (Artificial Insemination Donor) – tarw potel fel y dywedwn yn Sir Aberteifi. Roedd hyn ar gyfer parau oedd yn methu cael plant lle roedd y gŵr yn anffrwythlon. Roedd eisiau had dynol, a'r awgrym oedd bod y myfyrwyr meddygol yn darparu'r had am bum punt y tro! Roedd yn rhaid cael archwiliad meddygol i fod yn siŵr nad oedd clefyd teuluol genynnol. Roedd lliw'r llygaid a'r gwallt yn bwysig a hefyd maint y rhoddwr er mwyn iddo fod mor agos i'r 'tad' ag roedd modd. Cefais fy nhemtio gan fy mod yn byw ar £60 y tymor i dalu am lety, bwyd, llyfrau a phopeth arall. Wedi meddwl drosto, fedrwn i ddim helpu, oherwydd byddwn yn gofidio bod plentyn i mi yn rhywle na fyddwn i'n ei adnabod ac efallai yn cael magwraeth wael.

Aeth un o'r bechgyn o'm blwyddyn i, a oedd â llygad am fusnes, i Harley Street yn Llundain i agor ymgynghoriaeth ar gyfer parau oedd yn methu cael plant. Gwelais ef rai blynyddoedd yn ôl yn ei Rolls Royce newydd, ac roedd ganddo dŷ crand a llong hwylio fawr yn Marbella! Ond nid dyna oedd y llwybr i mi.

Flynyddoedd wedyn pan oeddwn i'n feddyg teulu fe ddaeth fy nhro i i fynd allan un bore yn y practis. Cefais alwad i un tŷ, am fod un o'r plant yn sâl, at deulu'n cynnwys tad, mam a thri o fechgyn. Cnoc ar y drws ac i mewn. Wrth syllu ar y llun ar y wal dywedais mor debyg oedd y bechgyn i'w tad oedd gerllaw. Daeth y fam i'r feddygfa ymhen dyddiau a dywedodd nad y gŵr oedd tad y plant a'i fod yn anffrwythlon, a phan oedd hi eisiau plentyn cysgu gyda'r meddyg dros y penwythnos oedd y 'driniaeth'.

Llwyddiant bob tro! Gallai gwneud hyn fod wedi rhoi diwedd ar yrfa'r meddyg pe byddai'r awdurdodau wedi dod i wybod, er bod y peth wedi digwydd gyda chaniatâd y gŵr.

Ffarmacoleg oedd un o'r pynciau'r adeg yma, sef gwneud tabledi a moddion. Rhaid oedd gwybod am bob effaith, da a drwg, a achosid gan y cyffuriau. Wrth wneud y gwersi fedrwn i ddim llai na chofio am hen feddyg teulu ger Henllan. Un prynhawn daeth galwad i fferm ddwy filltir o'i feddygfa. Ffwrdd â'r meddyg, gan weld y wraig a gorchymyn i'r mab deg oed ddod i 'nôl y moddion am chwech o'r gloch. Daeth y crwt ond doedd y botel ddim yn barod. Aeth i mewn i weld y meddyg yn paratoi'r moddion. Llwyaid o bowdwr coch yn y gwaelod a llanw'r botel â dŵr. Corcyn, ac wrth iddo siglo'r botel i gymysgu'r cyfan, dywedodd y bachgen ei fod yn gwybod beth oedd salwch ei fam.

"Beth sy'n bod ar dy fam, 'te?" gofynnodd y meddyg.

"Syched," dywedodd y bachgen. "Rydych chi wedi llanw'r botel â dŵr!"

Daeth ffermwr i'w weld â phroblem cysgu, a doedd dim tabledi cysgu i'w cael yr amser hynny.

"Yfwch hanner potelaid o wisgi," meddai'r meddyg.

"A beth wna i os na weithith e?"

"Yfwch yr hanner arall!"

Roedd yr hen feddyg yn hoff o'i ddiod, ac un dydd roedd yng Nghastellnewydd Emlyn. Cwrddodd ag un o'i ffrindiau, arwerthwr enwog, a chytuno i fynd am beint. Gadawodd y ddau eu ceir, a ddigwyddai fod yr un lliw a gwneuthuriad, ar bwys ei gilydd a doedd neb bryd hynny'n ffwdanu tynnu'r allwedd mas o'r car mewn tref wledig. Wedi cael digon, roedd yn rhaid i'r Doc ymadael, a ffwrdd ag ef. Gwelodd fod y tanc petrol yn isel, ac fe'i llanwodd yn y garej. Wrth fynd adref gwelodd hen gyfaill ac aros i gael sgwrs. Meddai hwnnw, "Mae car newydd gyda chi" – dyna pryd y sylweddolodd e nad ei gar e oedd e, ond car yr arwerthwr!

Ar bwys drws y ffrynt yn y coleg, y pen draw i goridor hir, bron canllath o hyd, roedd llun wedi'i beintio mewn olew, tua naw troedfedd o uchder a chwe throedfedd o led. Llun oedd hwn o'r ysbyty adeg y Rhyfel Byd Cyntaf ac ynddo roedd y CO Lt Col Hepburn a Matron Montgomery Wilson yng nghwmni milwyr clwyfedig. Roedd bron yn Nadolig 1953 a thipyn o sbri gyda'r myfyrwyr. Fe wnaeth un o'r bechgyn fet gyda'r lleill y byddai'n reidio beic yn borcyn ganol nos o un pen y coridor i'r llall! Wn i ddim a oedd e wedi bod yn yfed, ond, gyda dwsinau o fyfyrwyr yn edrych, i ffwrdd ag e yn noeth ar y beic ac i lawr y coridor. Methodd stopio yn y pen draw – roedd e'n mynd mor gyflym rhag ofn y gwelai'r Sister e, ac aeth yr olwyn flaen trwy'r darlun olew mawr! Pan es i mewn fore trannoeth, roedd yn amlwg fod rhywbeth o'i le, gan fod y cyfan fel y bedd a neb yn gwenu. Bu helynt mawr a chafodd fynd o flaen ei well, a thalu am atgyweirio'r llun.

Nid y myfyrwyr yn unig oedd yn ddrygionus. Roedd cartref y nyrsys wedi'i adeiladu'n bwrpasol ynghlwm wrth yr ysbyty. Un o ddyletswyddau'r Sister nos oedd cloi'r drws am hanner awr wedi deg, i gadw'r merched i mewn a'r bechgyn allan! Un noson roeddwn yn gofalu am yr Adran Ddamweiniau. Roedd pethau'n weddol dawel ac fe es i i'r gwely tua un o'r gloch. Cyn i fi ddechrau cysgu, daeth cnocio trwm ar y drws a rhywun yn gweiddi arna i i ddod gynted ag y gallwn i. Gwisgais y trowser dros y pyjamas a chot wen – doedd dim digon o amser i wisgo sanau a ffwrdd â mi!

Cefais fy arwain gan y Sister at goeden tu allan i gartref y nyrsys a merch yno yn wylofain tua hanner ffordd i fyny, wedi llithro. Daethom i wybod wedyn ei bod yn gadael un ffenest ar ben yr adeilad yn gilagored os byddai drws y ffrynt ar glo, a'i bod yn dringo'r goeden i ddod i mewn i'r adeilad. Roedd yn amlwg ei bod mewn poen mawr. Es i nôl y morffia gynted ag y gallwn ac i mewn â'r nodwydd. Rhaid oedd archwilio cymaint ag y gallwn a gwelais fod rhan o'r gangen wedi treiddio rhwng ei choesau ac allan drwy'r bol. Llaesodd y pigiad beth o'r boen, torrwyd y pren, a chafwyd hi i lawr yn araf bach. Roedd yr anesthetydd wedi dod erbyn hynny a rhoddodd hi i gysgu ac allan o'i phoen. Cafwyd y theatr yn barod, ac agorais y bola a thynnu'r wialen allan o'r corff yn ofalus. Rhaid oedd bod yn siŵr nad oedd niwed i'r perfedd a bod dim gwaedu. Fe gaeais i'r bol gyda'm gwniadwaith gorau, yna lawr i'r gwaelod i gymhennu'r toriad. Aeth adref ymhen dyddiau.

Welais i ddim ohoni wedyn am dair blynedd tan oeddwn yn gweithio yn yr Adran Obstetreg. A phwy ddaeth i mewn â bola mawr ond hi, wedi priodi flwyddyn ynghynt. Roeddwn yn falch o'i gweld yn feichiog gan fy mod yn amau a lwyddai i gael plentyn ar ôl y ddamwain ddifrifol. Rhoddodd gofleidiad i fi ac i ffwrdd â hi i'r ystafell esgor. Daeth y baban bach gyda chymorth gefel, ac roedd yn barod i fynd adref yn fuan. Bachgen oedd y baban a galwyd ef yn Joshua! Wrth ymadael roedd dagrau o lawenydd yn llifo dros ei gruddiau, ac yn wir, er mai prin oedd y geiriau, doedd dim o'u heisiau.

Treuliais wyliau haf 1953 yn Glasfryn, y tŷ ym mhentre Croes-lan yr oedd y ddwy fodryb a'm hewythr wedi symud i fyw ynddo ar ôl gadael Alltycnydau. Fferm fach tua 10 erw oedd Glasfryn, a chadwodd y teulu 6 erw yn ôl o'r fferm fawr i'w gwneud ychydig yn fwy sylweddol. Beudy i bedair buwch, tŷ gwair a chwb ieir yno'n barod, ynghyd â gardd hyfryd. Ynghlwm wrth y tŷ cerrig roedd gweithdy saer wedi'i adeiladu o bren. Saer o'r enw James Jones oedd yn byw a gweithio yno cyn ei farw. Roedd gan y saer forwyn o'r enw Leisa Tynewydd Bach. Roedd Tynewydd Bach yn fwthyn gwyngalchog ar y ffordd i Dre-groes, tua dau gan llath o'r sgwâr. Bob bore, pan oeddwn yn mynd i'r ysgol, gwelwn Leisa, a oedd tua 80 oed a'r blynyddoedd wedi ei gwneud yn wargam, pâr o glocs am ei thraed, yn cerdded i fyny'r rhiw at yr hewl fawr hyd nes cyrraedd y tŷ. Byddai fy ewythr yn dosbarthu'r

poteli llaeth ac yn gofyn iddi bob amser "Sut ych chi heddi Leisa?"
A'r ateb bob tro'r un peth, "Gore galla i".

Bu'r haf yn hir, tri mis. Cafwyd diwrnod fan hyn a fan draw,
efallai Llangrannog, Ceinewydd, Cwmtydu neu ymweld â'm tad
a'm mam a'r teulu oedd wedi symud i Dŷ'r Ardd, Gogerddan.
Roedd y tŷ ynghlwm wrth furiau'r ardd fawr oedd yn eiddo i
deulu'r Pryse oedd yn byw yn y plas. Roeddwn wedi dysgu gyrru
erbyn hyn – Ford Prefect, EBX 762, a oedd yn berchen i'r teulu.
Roedd fy ffrindiau, Ricey a Iori, yn dweud fy mod yn mynd
rownd tro Croes-lan ar ddwy olwyn! Sut gallen nhw ddweud?
Roedden nhw yn y car!!

Treuliais un diwrnod yn chwarae criced. Cefais wahoddiad i
chwarae dros yr hen ddisgyblion yn erbyn ysgol Llandysul. Braint
oedd gwneud hynny, wrth gwrs, ond ni fu'r canlyniadau cystal.
Roedd un o'm ffrindiau o Groes-lan, Gareth Thomas, yn bowlio
dros dîm yr ysgol. Rhedodd lan yn gyflym i fowlio ei bêl gyntaf
a welais i ddim llawer ohoni, ond roedd y wiced y tu ôl imi ar
wasgar! Does ryfedd i ni golli – roedd yn fowliwr da.

Bu Gareth yn garedig a thrugarog wrthyf flynyddoedd yn
ddiweddarach ar ddiwrnod mawr yn fy mywyd pan fu farw fy
modryb a Mam yr un diwrnod. Mae hyn yn beth anghyffredin
mae'n siŵr – Mam ac eilfam yn marw ar yr un diwrnod. Diolch
fod brodyr a chwaer gennyf oherwydd fe wnaethon nhw drefnu
angladd Mam. Y broblem gyda modryb oedd ei bod wedi dweud
wrthyf ryw fis ynghynt yr hoffai gael ei chladdu ger ffrindiau
annwyl, sef Gwilym ac Evan Jones o fferm Glyniscoed. "Does
dim eisiau mynd lawr i Arberth," meddai a hynny'n golygu dim
llosgi'r corff. Felly rhaid oedd cael gafael am fwlch rhwng beddau,
a'r unig un oedd ar gael oedd yr un nesaf at fam Gareth, sef
Elizabeth Ann Thomas, Croes-lan, neu Lisi Ann fel y'i galwem
ni hi.

Fe ddywedodd gofalwr y fynwent fod Gareth wedi sicrhau'r fan
iddo ef ei hunan, ond, wedi priodi, efallai nad oedd yn ei mofyn.

Dywedodd Gareth nad oedd eisiau'r orffwysfa, a chafodd modryb y lle. Rwy'n siŵr ei bod yn hapus yno hyd dragwyddoldeb, a'm cydwybod innau'n glir fy mod wedi dilyn ei hewyllys i'r gair hyd y diwedd ac wedi hynny! Gwers arall i fi. Byddai gwell trefniadau ymlaen llaw wedi gwneud pethau'n rhwyddach. Mae gradd ym Mhrifysgol Bywyd yn anoddach na gradd mewn Meddygaeth!

ASTUDIO O DDIFRIF

Daeth yr awr i deithio 'nôl i Gaerdydd. Brynhawn Sul oedd hi, wedi bod yn y cwrdd bore ym Mwlch-y-groes. Cinio da, ac yna dal y bws ar y sgwâr. Cusan i'r ddwy fodryb, siglo llaw â'm hewythr, a ffwrdd â fi, "Bydd yn fachgen da" oedd y cyngor bob tro. Newid bws ar y groesffordd yn Saron ac yna i Gaerfyrddin, ger yr orsaf. Aros i'r trên stêm yr amser hynny a ddeuai o Ddoc Penfro, a'r mwg brwnt yn codi o'r simnai wrth iddo ddod rownd y tro i'r orsaf. Roedd llawer o fyfyrwyr yn disgwyl y trên – gyda sgarffiau o bob lliw – rhai yn mynd i Abertawe, eraill i Gaerdydd a rhai ymhellach. Siaradais i ddim â neb yr holl ffordd gan fy mod i am flasu'r daith 'nôl.

Dal y bws i'r llety ac yn falch cael gweld gwraig y tŷ, a oedd yn groesawgar iawn wedi iddi dreulio tri mis distaw ond unig heb y lletywr. Cafwyd te ac yna paratoi erbyn y diwrnod cyntaf ar y wardiau. Rhyw gyflwyniad yn unig oedd y tymor blaenorol, nawr roeddwn i gychwyn gweithio o ddifrif.

Daeth bore Llun a ffwrdd â mi i'r ysbyty. Roeddwn i'n wirioneddol yn edrych fel meddyg nawr – siaced wen lân, corn meddyg neu stethosgop a'r morthwyl i gnocio'r gïau pan oedd eisiau profi'r adweithiau, pìn het i brofi'r teimlad yn y croen, a llyfr bach i'w roi yn y boced os oedd eisiau sgrifennu rhywbeth pwysig am y gwaith neu'r claf.

Rwy'n cofio'r cyffro o edrych ar yr hysbysfyrddau i weld lle rhoedden ni i fynd, pa ysbyty, pa arbenigwr, meddygaeth neu lawfeddygaeth. Dyna amser cyffrous! Yn ystod y tair blynedd nesaf byddwn yn cwrdd â bron pob arbenigwr yng Nghaerdydd.

Y cyntaf oedd Dr D A Williams yn ysbyty Llandochau. Meddyg o fri. Ei brif destun oedd asthma ac roedd yn gwybod a deall ei bwnc yn dda gan ei fod ef ei hun wedi dioddef o'r salwch ers yn blentyn. Roedd fy modryb o fferm Cwrrws ger Henllan, Anti Lisi, a oedd yn briod â brawd fy nhad, hefyd yn dioddef o asthma difrifol iawn, ac fe ddes i â hi lan o'i chartref yn Sir Aberteifi i Gaerdydd chwe gwaith i weld Dr Williams pan fyddai hi'n dioddef yn wael iawn. Yn wir, roedd hi mor wael yn cyrraedd yr ysbyty ambell dro roedd fel petai hi'n tynnu'r anadl olaf wrth ddod trwy'r drws. Ond roedd gweld D A yn ddigon! Âi adref wedi gwella bob tro. "Ffydd, gobaith a chariad," medd y Gair, "a'r mwyaf o'r rhai hyn yw cariad". Ond mae'r meddyg yn credu, o safbwynt gwella claf, mai'r mwyaf yw Ffydd!

Gŵr hyfryd oedd D A Roedd yn ddyn doeth iawn a'i eiriau wedi bod yn ysbrydoliaeth i fi ar hyd fy ngyrfa. Geiriau cyntaf D A wrtha i oedd, "Mae dwy ffordd i fod yn feddyg da – gwybod eich gwaith a bod yn garedig i'r claf." Mae'r ail yn aml yn cael mwy o effaith nag rydyn ni'n sylweddoli fel mae achos fy modryb yn ei brofi. Fe wnaeth D A y ddau.

Dywediad arall o eiddo D A oedd, "Mae'n neis bod yn bwysig, ond mae'n fwy pwysig bod yn neis."

Hoffai ein rhybuddio neu ein dwrdio pan oedd eisiau, a phan fu farw dynes ar y ward yn annisgwyl, ac yntau'n meddwl nad oedd y meddyg teulu wedi adnabod y salwch yn ddigon cynnar, fe ddywedodd D A – "Mae pensaer yn cuddio'i gamgymeriadau â iorwg, arlunydd yn eu cuddio â phaent a meddyg yn eu cuddio â phridd!!" Rwy'n ofni ei fod yn dweud y gwir.

Byddai D A bob amser yn gwneud ei waith yn drylwyr iawn. I ddechrau byddai'n nodi hanes salwch y claf gyda'r enw, yr oed a'r cyfeiriad ar ben y dudalen. Yna, ymlaen i hanes y salwch presennol – pryd y dechreuodd? Beth a deimlodd neu a welodd gyntaf? A oedd pen tost? Peswch? Bola tost? Trwbwl gyda'r dŵr? Poen yn yr aelodau ac yn y blaen. Roedd bob amser yn gofyn cwestiynau a oedd yn bwrpasol i'r hyn roedd e'n ei gredu oedd yn bod. Holi wedyn am iechyd y claf yn y gorffennol. A gafodd rywbeth yn debyg o'r blaen? Nesaf, hanes y teulu, a oedd doluriau yn dilyn yn y genynnau?

Yn olaf, ei hanes cymdeithasol. Faint oedd e'n smygu ac yfed? Beth a wnâi yn ei oriau hamdden? A oedd e'n cymysgu'n rhwydd â phobol arall? Y peth pwysig, fel popeth mewn meddygaeth, oedd bod yn drwyadl.

Yna'r archwilio corfforol. Byddai'n dechrau gyda'r croen a'r llygaid. A oedd yn felyn? Sut oedd y gwallt? A oedd chwyddi yn y coesau? Beth am y chwarennau lymff? Wedyn i'r galon, pwysau'r gwaed, yr ysgyfaint, y bola a'r dŵr, a gorffen gyda'r gyfundrefn nerfol ganolog.

Erbyn hyn dylai fod rhyw amcan gan y meddyg beth oedd yn bod. Byddai wedyn yn gwneud profion i gadarnhau'r farn feddygol. Mae'r cyfan hyn yn sail i waith pob meddyg, ifanc neu hen, ac wedi bod dros y canrifoedd. Mae profiad yn dangos bod 90 y cant o farnau meddygol yn cael eu gwneud ar sail yr hanes yn unig. Er enghraifft, roedd dyn ar y ward â pheswch ofnadwy, yn codi crawn o'r ysgyfaint ac un diwrnod yn codi llond cwpan ar y tro. Fe ddywedodd D A fod ganddo grawniad neu *abscess* ar yr ysgyfaint. "Gwrandewch ar y claf," meddai. "Mae'r claf yn dweud wrthoch chi beth sy'n bod arno!"

Yr wythnos nesaf, wedi gwneud ei rownd, hynny yw, gweld y cleifion, bu D A yn siarad am bwysigrwydd sylwi'n fanwl. Dechreuodd drwy ddweud nad oedd yn rhaid bod yn ddeallus iawn i fod yn feddyg da. Yr hyn oedd eisiau oedd cof a'r gallu i sylwi, gweld salwch a'i gofio, yna ei adnabod y tro nesaf y deuai i'w olwg. Defnyddiodd D A y tafod a'r geg fel esiampl o sut oedd sylwi ar newidiadau mewn rhannau o'r corff a fyddai'n ein helpu i ddarganfod salwch y claf. Yn drist iawn bu cynnydd yn noluriau'r geg a'r tafod yn ystod y blynyddoedd diwethaf – mae cancr yn y ddau fan hyn yn digwydd 30 gwaith yn amlach mewn pobol sydd yn smygu ac yn yfed diodydd meddwol.

Bore arall fe dreuliodd D A amser hir gyda chlaf â chlefyd y siwgwr, *diabetes mellitus.* Gwelwch fod y gair *mellitus* yn debyg i'r gair melys, a gwir y peth, gormod o siwgwr ym mhobman, y gwaed, y dŵr ac yn y blaen. Adroddodd storïau'r hen feddygon cyn dyddiau'r profion modern, yn gorfod profi'r dŵr! Roedd yn gallu bod yn ddoniol iawn. Y ffordd orau o ddarganfod y salwch, meddai, oedd cael rhyw chwech neu saith dyn gyda'i gilydd, un yn dioddef o glefyd y siwgwr, a'u cael i bisio ar bwys clawdd. Yr un fyddai â'r mwyaf o bryfaid neu gilion ar ei esgidiau oedd â'r salwch!! Pam? Wel, roedd siwgwr yn y dŵr, ac ambell ddiferyn yn disgyn ar yr esgid, a'r cilion yn gwybod lle'r oedd y siwgwr. Clyfar iawn!

Y Sister ar ward E2 oedd Bronwen Jones, merch o ardal Aberdâr a dreuliasai ei dyddiau gwaith yn Llandochau hyd nes iddi ymddeol a mynd adref i edrych ar ôl ei mam a oedd mewn gwaeledd. Ac yno y bu hyd ei marwolaeth a hithau erbyn hynny dros ei naw deg oed. Gwraig annwyl a charedig, ychydig dros bum troedfedd, oedd Bronwen – dim owns o fraster arni a'i hwyneb wedi'i gwato â phaent a phowdwr! Pob blewyn o'r gwallt yn ei le dan yr het – rhan o'r wisg unffurf, a'r sgidiau bob amser yn disgleirio. Gwelais i hi un prynhawn yn treulio awr gyfan gyda chlaf a oedd yn ddifrifol wael. Bûm yn y ward fy hunan yn glaf yn 1968, ac ar ôl gwella a mynd adref, anfonais benillion ati. Pan aeth ffrind i mi, oedd yn byw ym Mhenarth, i'w gweld fis cyn iddi farw, dangosodd hi'r penillion iddo – roedd hi wedi'u cadw am dros 35 o flynyddoedd!

Pwnc roedd gen i ddiddordeb dilyn gyrfa ynddo oedd Llawfeddygaeth. Yr arbenigwr yno oedd Mr Ioan-Jones. Pam fod eisiau'r heiffen ar bobol, llawer ohonyn nhw'n Jones, Davies, Evans neu Williams? Mae'r bobl heiffenedig yn niferus iawn yng Nghymru! Roedd un dyn roeddwn i'n ei adnabod â thri chyfenw wedi eu cyplysu â heiffen – a'r rheswm am hyn, meddai un o'm ffrindiau, oedd na wydden nhw pwy oedd ei dad!

Roedd Mr Ioan-Jones yn llawfeddyg gwych, a'i Registrar,

Mr L P Thomas, a alwem yn 'L P', cystal ag yntau. Roedd Mr Ioan-Jones yn dipyn o arbenigwr ar gancr y fron a gwelsom lawer o hwnnw. Mae 9 y cant o fenywod yn dioddef o'r salwch ar ryw adeg yn eu bywydau a'r driniaeth wedi gwella tipyn. Yn ei amser ef, torri'r peth i ffwrdd oedd yr unig driniaeth, naill ai'r cancr yn unig neu'r fron i gyd. Erbyn hyn mae cyffuriau – cyn neu wedi'r llawfeddygaeth – wedi gwella'r rhagolygon. Diolch byth fod y rhan fwyaf yn byw am flynyddoedd lawer erbyn heddiw. Rhaid i mi nodi fy mod wedi gweld dau ddyn â chancr y fron.

Un hanesyn doniol a gwir. Daeth dynes i mewn fel achos brys. Roedd hi'n dioddef o gwlwm ar y perfedd. L P Thomas a wnaeth y llawdriniaeth. Dau ddiwrnod wedyn daeth Ioan-Jones ar ei rownd gyda'r myfyrwyr. Y ffordd i wybod a oedd y driniaeth yn llwyddiannus oedd gweld a oedd y wraig yn pasio gwynt. Roedd trwyn Rhufeinig cul gan Ioan-Jones ac roedd ganddo arfer o snwffian yn ddiogel. Gofynnodd i'r wraig ar ôl sniff neu ddwy, "Ydych chi wedi pasio gwynt?"

"Nadw," meddai'r wraig, "rwy'n credu mai'r fenyw yn y gwely nesa sy wedi gwneud!"

Yn Ysbyty Llandochau yn y trydydd tymor yr arbenigwr oedd Dr Byron Evans o Lanon, Ceredigion. Roedd Byron yn hollol wahanol i D A. Tipyn o ymorchestwr, ond diagnostegwr gwych.

Roedd Byron yn cael pleser mawr dod 'nôl i Sir Aberteifi ar ei wyliau. Pan fyddai'r meddyg teulu yn yr ardal yn gwybod bod Byron adre byddai'n mynd ag ef i ffermydd anghysbell lle byddai ffermwr yn wael ac yntau ddim yn gwybod beth oedd ei ddolur. Byddai Byron yn rhoi ei farn feddygol wrth y gwely, ac yna mynd â'r claf yn ôl i'w ysbyty i roi profion iddo a'r rheiny'n dangos ei fod yn iawn. Hwyl fawr wedyn, a'r straeon digri yn go aml o'i enau! Roedd yn gysurwr mawr i'r gwan a bu'n athro da i'r myfyrwyr ifanc, yn arbennig os oeddech yn Gymro! Roedd yn dioddef o un peth a ddaeth â'r ddau ohonon ni'n agosach at ein gilydd – atal dweud. Ond yn rhyfedd iawn, pan fydden ni'n siarad â'n gilydd, ni fyddai atal dweud arnom o gwbwl!

Daeth Byron ag arferion Llundain i Gaerdydd. Byddai'n rhaid i'r Registrar aros amdano wrth ddrws ffrynt yr ysbyty yn y bore. Sgwrs wedyn i gael gwybod beth oedd wedi digwydd ers ei ymweliad diwethaf a ffwrdd â nhw i'r wardiau gyda Byron yn arwain y ffordd. Ward E1 y menywod yn gyntaf, a'r myfyrwyr yn aros amdano. Rhyw haid fach o chwech oedd y myfyrwyr gan amlaf ac fe fydden nhw'n cadw'n ddistaw pan oedd y dyn pwysig yn dod rownd y gornel. I mewn i'r ward a Sister yn disgwyl amdano ac yn ei gyfarch. Rhaid oedd i bopeth fod yn berffaith: dim sŵn yn unman; dillad y gwelyau yn gywir yn eu lle; y cleifion yn eu gwelyau yn barod ar gyfer eu harchwilio. Ef oedd yn penderfynu beth oedd eisiau ei wneud – profion ac yn y blaen, a phryd oedd y claf i fynd adref.

Yna i fyny i E2, lle byddai Bronwen yn disgwyl amdano. Gwên a chyfarchion ac i ffwrdd â ni eto. Roedden ni fel neidr hir ar hyd y coridorau – Byron a Bronwen yn y tu blaen, yna'r Registrar a'r Meddyg Tŷ, yna'r myfyrwyr ac efallai ffisiotherapyddion neu eraill yn hongian wrth y gwt.

Roedden ni wedi cael claf yr un erbyn hyn i edrych ar ei ôl. Un diwrnod roedd gwraig tua 60 oed yn y gwely, ychydig yn dew, a chanddi boen yn ei bol. Ffrind i mi oedd yn gyfrifol amdani, ac fe ddywedodd e wrth Byron ei fod yn teimlo lwmpyn yn ei bol ar yr ochr chwith. Gofynnodd Byron iddo adrodd y pum achos o fola llawn neu dew, pob un yn dechrau â 'F', hynny yw, *fat, flatus, faeces, fluid* a *foetus*. I'w drosglwyddo i'r Gymraeg, braster, gwynt, perfedd llawn, dŵr neu yn feichiog. Plygodd Byron ymlaen i deimlo bola'r wraig, a chael dim byd o'i le, ac meddai'r arbenigwr, *"She must have passed it"!* Cafwyd hwyl, digon diniwed wrth i'w atal dweud dynnu sylw, a 'B-B-B-Byron' oedd i lawer; nid oeddwn yn fodlon ar hyn, wrth gwrs, gan fy mod innau hefyd yn dioddef o atal dweud.

Fe fues i'n gweithio gydag e am flwyddyn ac fe gawson ni ambell barti a'r straeon digri yn llifo. Un o hoff straeon Byron oedd am y dyn â llygad gwydr, ac fel oedd yr arfer, bryd hynny, byddai'n ei dynnu allan wrth fynd i'r gwely a'i roi mewn cwpaned o ddŵr. Fe deimlodd yn sychedig yn y nos, ac yn hanner effro – llyncodd y dŵr a'r llygad! Bu disgwyl mawr i'r llygad ymddangos y pen arall ond ddaeth e ddim trwyddo am dri diwrnod. Aeth at y llawfeddyg a dyma hwnnw'n gwthio sigmoidosgop i fyny ei ben-ôl er mwyn gweld i mewn, ac meddai'r arbenigwr, "Wel, wela i ddim byd."

"Rhyfedd," meddai'r dyn, "rwy'n eich gweld chi'n iawn!"

Yn y flwyddyn yma rhaid oedd dechrau ar y pwnc Patholeg a phrofiad rhyfedd oedd mynd i'r corffdy, y *morgue*, i weld *post mortem*. Roedd llawer ohonon ni'n teimlo'n nerfus iawn, ond ffwrdd â ni. Gwelsom dri myfyriwr yn cymryd y llwybr anghywir, yn bwrpasol wrth gwrs – doedden nhw ddim yn awyddus i gael y profiad y diwrnod hwnnw ar ôl cael noson fawr efallai'r noson cynt!

Ystafell fawr oedd y *morgue*, gyda thair bord ar y chwith. Ac ar y dde wyth o risiau, tua phymtheg llath o hyd, i ni sefyll arnynt, ond dim stolion na chadeiriau. Esboniodd y dyn mawr pam roedd yn rhaid gwneud *post mortem* – er enghraifft achos y farwolaeth ddim yn amlwg, neu lofruddiaeth a'r crwner wedi ei orchymyn i ddangos beth a ddefnyddiwyd i gyflawni'r drosedd. Os oedd bwled yn y corff rhaid oedd ei ddarganfod, ac yna gwneud gwaith ymchwil i weld pa fath o ddryll a ddefnyddiwyd.

Un rheswm cyffredin arall dros *post mortem* yn ne Cymru oedd llwch y glo ar y glowyr. Os oedd bywyd dyn wedi'i fyrhau oherwydd llwch y glo, byddai'r weddw yn cael mwy o bensiwn ac efallai iawndal.

Y bore hwn defnyddiodd yr Athro gorff glöwr i ddangos y newid yn y corff dynol oherwydd llwch y glo. Daeth y corff i'r ystafell ar droli, rhoddwyd ef ar y bwrdd, ac yna tynnu'r lliain gwyn oddi arno. Yn sydyn, a'r lle yn oer a thawel, dyma sŵn griddfan a lawr i'r llawr aeth un o'r merched wedi llewygu. Aethon ni â hi allan i'r awyr iach, ond ni ddaeth nôl y diwrnod hwnnw. Fe ddaeth hi'n gyfarwydd â'r profiad ymhen amser. Agorodd y technegydd, hen blismon, y bol a'r frest, ac ymhen pum munud roedd wedi tynnu pob organ o'r corff a'u rhoi ar y bwrdd o'n blaen – calon, ysgyfaint, cylla, perfedd, arennau, poten ludw ac yn y blaen. Daeth yr ymennydd yn olaf. Dangosodd yr Athro i ni lle roedd yr ysgyfaint yn ddu o lwch y glo.

Pwnc arall oedd Ffarmacoleg. A dweud y gwir, doedd gyda fi ddim llawer o ddiddordeb yn y pwnc hwn. Y dyn byw oedd fy niddordeb i, ac ni welais un 'dyn byw' drwy gydol y cwrs yma, er eu bod yn dangos sut oedd chwistrellu cyffuriau i'r corff. Rhaid oedd mynd i flaen y dosbarth o'ch gwirfodd yn y darlithoedd hyn, a dim ond y rhai oedd yn hoffi dangos eu hunain a âi ymlaen. Cofiaf un ohonyn nhw'n edrych yn bwysig iawn, ond fe ddysgais dros y blynyddoedd nad oedd fawr o sylwedd yn y dynion oedd yn meddwl eu bod yn bwysig. "Bach pob dyn a dybio ei hun yn fawr"!

CYRFF, LLYNGYR
A MEDAL AUR

YN Y BUMED FLWYDDYN roeddwn mor brysur â gwenynen ar ddiwrnod braf yn yr haf. Roedd astudio Iechyd Cyhoeddus a Meddygaeth Fforensig yn ychwanegol i'r pynciau eraill, a thua'r diwedd roedd rhaid dysgu'r ffordd i ddod â babanod i'r byd. Roedd hyn yn golygu byw i mewn yn yr ysbyty am ddeufis a bod yn barod bob nos i godi pe byddai baban wedi penderfynu dod o'r groth. Mae mwy o fabanod yn cael eu geni yn y nos na'r dydd; does neb yn gwybod pam!

Uwch Ddarlithydd mewn meddygaeth fforensig oedd Dr Lester James, a weithiai hefyd i'r Heddlu yn Ne Cymru. Ei ffordd o gael ein sylw a'n cael ni i wrando oedd drwy roi sioc i ni a hynny ran amla ar ddechrau'r wers. Fe fyddai'n tynnu lluniau yn ei waith fel Meddyg Fforensig yr Heddlu – ac roedden nhw'n ych-a-fi!

Cofiaf am un llofruddiaeth erchyll, sef chwaraewr rygbi, dyn mawr o gorff, oedd wedi bod yn caru gyda gwraig briod. Roedd ei gŵr wedi dod adre yn annisgwyl ac yn ddistaw wedi cydio mewn cyllell fawr yn y gegin fach, ac wedi mynd i mewn i'r ystafell wely lle roedd y ddau'n caru. Roedd y carwr yn gorwedd ar ei fola mewn lleoliad amharchus â'i drowser lawr. Heb feddwl ddwywaith trywanodd y gŵr ef yng nghefn ei wddf. Aeth y gyllell drwy'r asgwrn cefn a bu farw'r dyn yn y fan a'r lle. Er mwyn profi i'r Barnwr yn yr Uchel Lys beth oedd wedi digwydd rhaid oedd cael lluniau. A dyna'r lluniau roedd Dr James yn eu dangos i ni – y gyllell yng nghefn gwddf y dyn heb ei thynnu allan. Ni chafodd y llofrudd garchar, a'r rheswm oedd am ei fod wedi gwneud y weithred yng ngwres y foment ac nad oedd wedi cynllunio ymlaen llaw i ladd!

Dro arall cawsom bregeth ar Enedigaethau, Priodasau a Marwolaethau, a'i eiriau cyntaf oedd bod mwy o bobol yn gorfod priodi yn Sir Aberteifi nag mewn unrhyw sir arall. Roedd chwech ohonon ni, yn Gymry o Sir Aberteifi, yn eistedd gyda'n gilydd bryd hynny. Fe godon ni, y Cardis, ar ein traed a moesymgrymu gyda'n gilydd i'r myfyrwyr eraill, a'r rheiny'n syllu arnon ni a churo dwylo!

Ffaith arall y soniodd amdani, a hynny yn y pumdegau, oedd bod amlder hunanladdiad ac iselder ysbryd, dair gwaith yn fwy cyffredin yn Nyfed – siroedd Caerfyrddin, Penfro a Cheredigion – nag mewn siroedd eraill. Anodd oedd gwybod y rheswm am hynny – efallai'r genynnau, tirwedd laith a llwyd y gorllewin, unigrwydd pobol, a phroblemau ariannol ffermwyr mewn ardaloedd gwledig a neb i'w helpu.

Yn ystod y flwyddyn yma, ychydig cyn y Nadolig, daeth diwrnod mawr yn fy hanes, sef mynd i weithio i Ward William Diamond yn yr Uned Feddygol. Roedd y Meddyg Tŷ wedi mynd ar ei wyliau am bythefnos. Daeth claf i mewn, wedi dewis yr adeg yma yn fwriadol am ei fod yn athro ysgol a'i bod hi'n amser gwyliau. Dywedodd yr uwch feddygon fod digon o brofiad gyda fi erbyn hyn i edrych ar ei ôl fy hunan, ac y cawn ddau ddiwrnod i benderfynu beth oedd yn bod arno, cyn eu bod yn dod i'm helpu, os byddai eisiau.

Roedd y claf yn dioddef o boen yn ei fola, gan amlaf ar yr ochr dde a'r pen uchaf. Roedd wedi colli deg pwys yn ystod y tri mis blaenorol. Doedd e ddim yn wael ond roedd yn amlwg bod rhywbeth yn bod arno. Teimlai gyfog weithiau, a chosi ar ei ben-ôl. Cofiais wersi D A a holi ei hanes yn fanwl iawn a darganfod ei fod wedi bod ar wyliau yn nwyrain Kenya yn yr Affrig, adeg gwyliau'r haf.

Fe es i ymlaen â'r archwiliad, ond heb ddarganfod dim pendant.

Wedyn fe wnes i brawf gwaed, ac i fod yn drwyadl ac er mwyn gwneud argraff, rhoddais badell wely iddo. Synnodd hyn y claf yn fawr, ond roedd yn rhaid iddo, ar ôl gweithio'i gorff bob dydd, gadw'r cynnyrch, a'i adael yn y badell yn y tŷ bach gyda lliain drosto ynghyd â'i enw. Daeth yr awr ond doedd dim o'i le. Drannoeth fe es i i'w weld e eto, a dywedodd fod rhywbeth od iawn yn y badell. Pan edrychais i roedd yno rywbeth na welais o'r blaen, fel cwt neidr, tua chwe modfedd o hyd, a rhannau ynddo ynghlwm wrth ei gilydd. Doedd e ddim yn symud, a doeddwn i ddim yn meddwl ei fod yn fyw. Fe ges i afael ar hen bot jam yng nghegin fach y ward, ei olchi, a rhoi'r 'peth' yn y pot jam gydag ychydig o ddŵr arno rhag iddo sychu, ac yna cau'r caead.

Fe guddiais i'r pot, oherwydd doeddwn i ddim am i neb ei weld cyn i fi gael cyfle i wybod beth oedd e! Rhaid oedd cludo'r peth lawr i'r Adran Batholeg, lle roedd ugeiniau, efallai cannoedd, o boteli gwydr neu flychau plastig ac esiamplau ynddyn nhw wedi'u cadw mewn fformalin. Fe es i drwyddyn nhw, ac wedi edrych am ddeg munud, gwelais un yr un fath â'r 'peth' chwe modfedd oedd yn y badell wely. Ie, er fy mawr syndod, llyngyren! Ei henw Lladin ar y botel oedd *Taenia Saginata*.

Roeddwn i'n teimlo fy hun yn bwysig nawr ac fe es i ddweud am fy narganfyddiad wrth yr uwch feddygon, ac roedden nhw'n credu fy mod i'n iawn. Dim ond cwt y llyngyren oedd yn y badell, a rhaid oedd lladd y gwalch â chyffur – ei gwenwyno hi ddigon i'w lladd, ond ddim digon i ladd y claf! *Niclosamide* oedd enw'r tabledi gwenwynig a rhaid oedd eu llyncu ar gylla gwag, fel bod y llyngyren yn eu llyncu hefyd. Yna rhoi llond cwpan o ddŵr a halen i'r claf wedi tair awr. Rhaid oedd cadw llygad ar y cynnyrch yn y badell ac yno, ar yr ail ddiwrnod ar ôl cymryd y cyffur, roedd y llyngyren yn gyfan yn y badell ac roedd hi dros droedfedd o hyd. Roedd pedwar sugnolyn ar y pen er mwyn ei gadw ynghlwm wrth y perfedd bach, ychydig yn nes ymlaen na'r cylla. Roedd y moddion wedi lladd y llyngyren – ac roedd wedi colli ei gafael a dod trwy'r corff!

Ymhen ychydig iawn o amser roedd y claf yn holliach! Ie, diwrnod mawr yn fy hanes oedd hwnnw. Dyna'r prawf cyntaf i mi ei wneud ar fy mhen fy hun, a hwnnw'n iawn. Y ffaith ddiddorol oedd bod 10 y cant o bobol Kenya yn dioddef o'r peth oherwydd eu bod yn bwyta cig eidion nad oedd wedi ei goginio'n ddigon da. Roedd yn dangos mor bwysig yw cael hanes y claf – ie, hyd yn oed lle roedd wedi treulio'i wyliau!

Cofiaf yn yr wythdegau, daeth dynes â phlentyn tair oed i'r feddygfa, a chanddi rywbeth tebyg mewn pot gwydr bach. Roedd y fam wedi darganfod y 'peth' yn y poti. Fe gredais i mai llyngyren gron oedd hi, llai na'r *Taenia Saginata*. Danfonais y 'peth' i'r labordy yn yr ysbyty i weld beth oedd e. Daeth y canlyniad nôl mewn un gair – mwydyn cyffredin o bridd y ddaear!! Roedd y plentyn wedi mynd allan i'r ardd, llyncu'r mwydyn, ac roedd hwnnw wedi mynd drwy gorff y plentyn yn gyfan!

Roedd yr hen bobol yn y wlad slawer dydd yn gallu dweud pan oedd llyngyr ar rywun. Roedd ffrind gyda fi pan oeddwn i tua saith oed oedd yn crafu ei ben-ôl drwy'r amser. Fe fyddai Modryb yn dweud, "Mae siŵr o fod llyngyr arno".

Wrth astudio Iechyd Cyhoeddus fe ddes i i sylweddoli mor bwysig yw glendid bwydydd o bob math a glendid wrth drafod bwyd. Mae llawer epidemig cas ar hyd y canrifoedd wedi ei achosi gan ddiffyg glendid. Bu salwch yn y perfedd yng ngogledd Cymru yn ddiweddar, sef y bacteriwm *Cryptosporidiwm*. Cred yr arbenigwyr ei fod wedi cael ei gario yn y dŵr a ddoi o lyn sy'n cyflenwi 70,000 o bobol.

Rhoddodd yr Athro wers i ni yn dangos sut y bu i ddiffyg glendid achosi epidemig yn Croydon, yn ne Llundain. Bu colera mawr yno yn 1831, ac yn 1936, teiffoid. Roedd gwaith wedi bod yn cael ei wneud ar ffynhonnau yn yr ardal i wella dŵr y cyhoedd. Roedd un o'r gweithwyr, heb yn wybod iddo'i hun, yn gludwr teiffoid, ac yn rhy ddioglyd i ddod i'r wyneb i'r toiledau ac yn piso yn y fan a'r lle! Cymysgodd y piso oedd yn cludo'r teiffoid â'r cyflenwad dŵr a bu ugeiniau yn dioddef o'r salwch. Fe wnaeth y dyn oedd yn euog gyfaddef ei 'drosedd' ar ôl i'r gweithwyr i gyd gael prawf a hwnnw'n dangos mai ef oedd y cludwr.

Digwyddodd rhywbeth tebyg ychydig flynyddoedd yn ôl pan oedd meddygon gorau Prydain Fawr yn cwrdd yn Llundain, a'u gwragedd gyda nhw. Roedd gwledd fawr mewn gwesty crand gyda'r nos. Y pwdin oedd hufen iâ a mefus. Ymhen dyddiau, roedd ugeiniau o'r meddygon fu'n ciniawa yn dioddef o'r clefyd melyn ac yn wir fe fu pedair o'r menywod bron â marw. Bu helynt mawr ac fe wnaed ymchwiliad trylwyr i darddiad y cyfan. Yr achos oedd llid ar yr afu, hepatitis B, gwaeth o lawer na hepatitis A.

Rhaid oedd darganfod o ble roedd e wedi dod. Fe ddilynwyd y bwydydd i gyd yn ôl i'r tarddiad a darganfod fod y clefyd wedi dod o Blairgowrie yn yr Alban – lle enwog am dyfu mefus. Gwnaed prawf ar bob un o'r gweithwyr yno ac fe brofodd un gweithiwr yn gadarnhaol i'r prawf – roedd y dyn oedd yn gludwr y salwch wedi bod yn piso ar y mefus!

Daeth dydd yr arholiad, y papur ysgrifenedig wedi mynd yn iawn, yna'r *viva* neu'r cyfweliad. Roedd person arall gyda'r Athro yn rhoi prawf i fi, sef Dr Bevan, Prif Swyddog Iechyd Caerdydd. Wn i ddim a oedd e'n gwybod am fy nghefndir, neu'n meddwl fy mod yn cerdded fel ffermwr, ond roedd y cwestiynau i gyd a gefais ar laeth, ac fe fues i'n parablu cymaint fel na chafodd yr Athro gyfle i ddweud dim!

Roedd y pwnc yn fy ngwaed fel petai, a gofynnodd sut oedd pasteureiddio llaeth? Pa wres oedd yn angenrheidiol ac am faint o amser? Sut roedd TB yn cael ei gludo i ddyn? A oedd moch daear â rhywbeth i wneud â'r peth? Beth oedd *"Tuberculin Tested"*? Roeddwn wedi gweld y milfeddygon yn gwneud y profion ar y fferm. Bu brwselosis yn rhan o'r drafodaeth ac roeddwn yn gwybod y cyfan amdano gan fod haint wedi bod ar y fferm a gwartheg yn colli eu lloi hanner ffordd trwy'r feichiogaeth, oedd yn golled fawr i'r ffermwyr.

Fe fues i'n byw yn Ysbyty Dewi Sant am ddeufis yn dysgu am eni babanod. Roedd dau ohonon ni'n cysgu yn yr un ystafell wely, a bues yn ffodus bod Cymro yn rhannu'r ystafell gyda fi, sef Ieuan Davies, brodor o Aberystwyth, a fu'n feddyg teulu yn Llandeilo ar hyd ei oes. Cefais y fraint o fod yn was priodas iddo pan briododd â'r annwyl Mair, sydd bellach wedi ein gadael ers blynyddoedd. Cafwyd amser hwylus gyda'r bydwragedd yn ein cynorthwyo gyda'r broses. Bûm yn cynorthwyo geni rhyw ugain o fabanod yn ystod y cyfnod hwn. Mae rhai pethau yn mynnu aros yn y cof. Anghofia i fyth, y ward *ante natal*, lle roedd mam 47 oed a'i merch 22 oed yn y trydydd a'r pedwerydd gwely. Mam a merch yn disgwyl baban yr un pryd. Rhaid cyfaddef ein bod ni fyfyrwyr yn go ddigywilydd achos roedden ni'n galw'r fam yn *'Gran'*!

Pan fyddwn i adre o'r coleg fe fyddwn i'n cerdded llawer o gwmpas yr hen ardal a'm hoff daith oedd lawr i Faesllyn. Fe fyddwn i'n galw mewn ym Mhanteg lle roedd cymeriad annwyl o'r enw Tomos Lewis yn byw. Roedd Tomos Lewis yn smygu pib bob amser, tybaco shag, a'r lle yn drewi! Bob blwyddyn, ar ôl dydd y gyllideb pan fyddai pris y baco wedi codi, dywedai Tomos mai ei unig bleser nawr oedd tanio'r bib a'i diffodd ar ôl eiliadau – er mwyn peidio llosgi gormod!

Roedd Tomos Lewis dros ei bedwar ugain oed ac yn ddyn sylwgar ac yn gwybod am bopeth. Roedd e'n gwybod y byddwn i'n mynd 'nôl i'm blwyddyn olaf fel myfyriwr meddygol wedi'r haf. Fe ddywedodd stori am ddau fyfyriwr meddygaeth yn eu blwyddyn olaf yn cerdded ar yr heol a dyn yn dod i'w herbyn, tua 80 oed, ei gorff yn heneiddio, tipyn yn wargam, a'r coesau fel dau bolyn anystwyth, yn syth ac yn agos i'w gilydd. Arhosodd y dyn i siarad, a dywedodd un o'r myfyrwyr eu bod yn astudio meddygaeth a'u bod wedi bod yn ceisio meddwl beth oedd ei ddolur.

"Beth chi'n feddwl sy'n bod arna i?' gofynnodd yr hen ŵr.

Daeth dau ateb, un yn dweud crydcymalau, a'r llall yn dweud salwch nerfol.

"Wel," meddai'r hen ŵr, "mae'r ddau ohonoch yn anghywir, bron â llanw fy nhrowser ydw i"!!

'Nôl i'r chweched flwyddyn, yr olaf. Roedd llawer yn dibynnu ar hon, a rhaid oedd astudio o'r noson gyntaf. Llyncu llyfrau oedd bwysicaf, fel bod y wybodaeth gyda fi pan ddeuai'r arholiadau ym mis Mehefin.

Llawfeddygaeth oedd fy niddordeb mawr. Cafwyd y papur ysgrifenedig, a wir, aeth yn wych, y cwestiynau yn fy mhlesio, a'r atebion yn well byth. Ymhen dyddiau, yr archwilio ymarferol. Roeddwn i fynd i Ward Llanbradach, a chleifion yn eu gwelyau ar y chwith yn barod i'r myfyrwyr eu holi a'u harchwilio. Dywedwyd wrtha i am fynd i'r pedwerydd gwely, ac yno roedd merch ddwy ar hugain oed. Cefais ei chyfeiriad a'i gwaith. Dywedodd ei bod yn anhwylus ers tri mis ac yn colli pwysau, er ei bod yn bwyta'n dda. Roedd yn flinedig, yn nerfus, ac yn chwysu mwy nag arfer. Gwell oedd ganddi dywydd oer ac roedd y galon yn curo ynghynt ar brydiau. Roedd peth dolur rhydd arni hi a'r misglwyfau heb fod mor gyson ag arfer. Sylwais fod ei llygaid yn sefyll allan yn fwy nag arfer er nad oedd yn gweld dwbwl. Erbyn hyn, roedd gennyf amcan beth oedd yn bod arni. Ymlaen i'r archwilio, gyda nyrs, gan fod rhaid cael trydydd person.

Roedd y gwaed i'w weld yn iawn, dim diffyg a phwysau'r gwaed yn iawn. Roedd y dwylo'n crynu tipyn, y galon yn curo 90 i'r funud yn lle 70. Yn y gwddf, gwelais fod y chwarren thyroid wedi chwyddo, yn wir yn oramlwg, ond doedd dim arall i'w weld. Fe ddywedais wrth y ferch mai *thyrotocsicosis* oedd arni, a phan ddaeth yr amser, ffwrdd â mi i adrodd y stori wrth yr Athro Lambert Rogers. Gofynnodd yr Athro i mi beth oeddwn yn feddwl oedd yn bod arni a dywedais, gan ein bod yng Nghymru, "Dolur Parry". Edrychodd yn syn ac es ymlaen i ddweud ei fod yn cael ei alw yn *'Graves Disease'* yn Lloegr ond yng Nghymru y dylen ni ei alw ar ôl Dr Parry a oedd wedi gwneud disgrifiad clasurol o'r salwch flynyddoedd cyn Graves.

Yn wir, Caleb Hillier Parry fu'r cyntaf i'w ddisgrifio yn 1825, a Graves yn 1874 – gwahaniaeth mawr! Roedd Parry o dras Gymreig, er iddo gael ei eni yn Swydd Caerloyw, a daeth yn Arbenigwr Meddygaeth enwog iawn yng Nghaerfaddon. Ai esiampl arall o'r Sais yn mynnu ei ffordd dros y Cymro yw'r ffaith fod Graves wedi'i wneud yn Farchog ond na roddwyd yr un anrhydedd o gwbl i Parry? Gofynnodd yr Athro beth oedd yr enw arall ac fe ddywedais i mai *thyrotocsicosis* ydoedd ac esbonio beth oedd y driniaeth.

Pan ddaeth y canlyniadau roeddwn wedi pasio'r cyfan ac, er mawr lawenydd i fi, ar y papur roedd dwy seren gyferbyn â Llawfeddygaeth, un i ddweud fy mod wedi ennill anrhydedd, a'r llall fy mod wedi cael y Fedal Aur – llawfeddyg gorau'r flwyddyn allan o 60 o ymgeiswyr.

TRASIEDI A CHOMEDI

RWY'N COFIO'R DYDDIAD A'R lle yn iawn – 31 Gorffennaf 1956 yn Howells, siop fwyaf Caerdydd. Roedd hi'n brynhawn braf, tua phedwar o'r gloch. Roeddwn wedi galw yn y siop ar fy ffordd i ddechrau yn Ysbyty Brenhinol Caerdydd. Pwrpas y siopa oedd prynu crysau gwyn. Roedd yr uwch feddygon bron i gyd yn eu gwisgo, felly, hyd yn oed os nad oeddwn i wedi cyrraedd eu statws, gallwn wisgo'r un peth â nhw! Roedd y siop yn cynnig tri chrys am bris dau ac, fel pob Cardi, doeddwn i ddim eisiau colli bargen ac fe brynais dri chrys gwyn!

Ffwrdd â fi wedyn i gerdded i'r ysbyty gyda'm cist, rhyw hanner milltir, ac i mewn trwy'r drws. Roedd porthor newydd wrth y ddesg, a gofynnodd i ba ward roeddwn i'n mynd iddi. Fe gafodd sioc pan ddywedais i mai meddyg oeddwn i ac nid claf. Fe ddes i adnabod y porthor yn dda yn ystod y flwyddyn a byddai'n fy atgoffa o'r peth drwy ddweud bob tro y byddwn i'n mynd drwy'r drws, "Pa ward heddiw, Doc?"

Cefais fy newis gan yr Athro Lambert Rogers, pennaeth yr ysbyty mewn Llawfeddygaeth, i weithio gydag e. Roedd wedi dewis tri ohonom ac roeddwn i i ddechrau gyda Llawdriniaeth Nerfol, sef yr ymennydd a madruddyn y cefn. Golygai hyn fy mod yn treulio dau fis gyda Mr Charles Langmaid, llawfeddyg gwych oedd wedi arbenigo ar y rhan yma o'r corff. Wedi ennill y fedal aur doedd dim dewis gyda fi ond paratoi i wneud llawer o waith caled gydag oriau hir – ond yn dysgu rhywbeth newydd bob dydd.

Tua deg o'r gloch, cyn mynd i'r gwely ar fy niwrnod cyntaf, fe es i i weld y cleifion oedd yn yr adran. Yn swyddogol fe fyddwn i'n dechrau gofalu amdanyn nhw am ddeuddeg o'r gloch. Pwy oedd ar un o'r wardiau ond Mr Langmaid ei hun. Gofynnodd pwy oeddwn i a chafodd wybod, ac roedd ei wyneb yn dangos syndod fy mod yn mynd o gwmpas i weld y cleifion cyn i mi hyd yn oed ddechrau yno mewn gwirionedd, ond ddywedodd e ddim gair, na finnau chwaith! Dwy i ddim yn cofio faint o gwsg a gefais y noson honno ond dywedais wrth y teleffonydd i alw arna i am hanner awr wedi saith.

Bu'r cyfan yn dawel ar y bore cyntaf, ond am hanner awr wedi deuddeg daeth ffôn i ddweud fod claf yn dod lawr o Bont-y-pŵl, merch ifanc ddwy ar hugain oed yn dioddef o *subarachnoid haemorrhage*, sef gwaedlif ar yr ymennydd. Roedd y meddyg yno wedi gwneud *lumbar puncture*, ac wedi darganfod bod yr hylif o gwmpas yr ymennydd a mwydyn y cefn yn llawn o waed. Fe es i gael fy nghinio'n gynnar, ac wedi gorffen bwyta am chwarter wedi un, roeddwn yn barod i dderbyn y ferch ieuanc. Daeth ffôn o'r ward am ugain munud i ddau i ddweud bod y ferch ifanc wedi cyrraedd ac yn y gwely yn barod i mi ei gweld. Ymhen munud roeddwn yno a'r claf yn y gwely cyntaf ar y dde, merch hardd bryd golau, ei gwallt yn gyrliog, a'r cyfan yn edrych ar yr wyneb yn iawn ac yn naturiol. Roedd hi wedi codi ar ei heistedd yn y gwely a'i rhieni yno gyda hi.

Gofynnais iddyn nhw eistedd tu allan, ac fe aeth y nyrs â nhw i gegin y ward, a rhoi cwpaned o de iddyn nhw achos roedden nhw wedi teithio a heb gael cinio. Fe fues i'n holi'r claf, ac fe ddywedodd hi fod y cyfan wedi dechrau am wyth o'r gloch y bore gyda phen tost a ddaeth yn sydyn, mor ddrwg nes gwneud iddi chwydu. Roedd wedi codi am hanner awr wedi saith a pharatoi i fynd i'r gwaith, ond aeth 'nôl i'r gwely ar ôl i'r pen tost difrifol ddechrau. Daeth ei meddyg teulu, ac i ffwrdd â hi i'r ysbyty lleol, lle y gwnaethon nhw *lumbar puncture*. Doedd dim cyfleusterau llawfeddygol i drin yr ymennydd yno, felly daethpwyd â hi lawr i Ysbyty Brenhinol Caerdydd.

Fe wnes i archwiliad manwl a gweld dim o'i le. Er fy niffyg profiad, gwyddwn ei bod yn ddifrifol wael er nad oedd ganddi unrhyw symptomau amlwg ar wahân i'r pen tost. Gorweddai â'i phen ar y gobennydd. Dywedais wrth y nyrs ifanc, nad oedd wedi bod yn gweithio ond am dri mis, am aros gyda'r claf tra fy mod yn siarad â'r teulu – pobol hyfryd iawn. Rhaid oedd dweud y gwir, sef fy mod yn cytuno â'r diagnosis, a phwysleisiais ddifrifoldeb y salwch. Dywedais y byddai'n cael archwiliadau drannoeth, yn cynnwys chwistrellu lliw i mewn i'r wythïen garotid a phelydrau X pan fyddai'r lliw wedi cyrraedd yr ymennydd. Yna, yn dibynnu ar y ffilmiau, byddai'n rhaid cael llawdriniaeth. Dywedais yr awn 'nôl i weld sut roedd hi, ac y bydden nhw'n cael aros gyda hi drwy'r prynhawn.

'Nôl i'r ward, a dyma'r nyrs yn dweud ei bod yn meddwl fod y claf wedi mynd i gysgu. Edrychais. Doedd hi ddim yn anadlu. Gwrandewais gyda'r stethosgop, ond doedd y galon ddim yn curo – roedd y ferch ifanc wedi marw. Dyma ddechrau trychinebus. Roedd y wythïen a oedd wedi ffrwydro yn y bore wedi gwneud yr un peth eto, ond yn llawer gwaeth y tro hwn. Diolch fy mod wedi siarad â'r teulu, ac wedi bod yn onest â nhw, ac wedi dweud yn glir y gallai unrhyw beth ddigwydd unrhyw bryd. Roedd yn sioc difrifol i fi ac i'r teulu. Fe fuon nhw'n synhwyrol iawn, ond roedd yn ergyd ofnadwy.

Mae trasiedi marwolaeth y ferch ifanc honno yn fy nghof o hyd. Gwnaeth i mi sylweddoli mor frau yw bywyd a sylweddoli hefyd bod yn rhaid i fi geisio cyrraedd y safon uchaf posibl er mwyn arbed cynifer o fywydau ag y medrwn i – er bod rhai megis y ferch ifanc hon na fedrwn eu hachub. Addunedais i mi fy hun i fod yn drylwyr bob amser gyda'r geiriau 'gofal', 'gofalu' a 'gofalus' bob amser yn fy meddwl wrth wneud fy ngwaith.

Aeth y mis cyntaf heibio'n gyflym, heb imi fod allan o'r ysbyty o gwbl, gan fy mod yn gofalu am y cleifion ddydd a nos. Ar y cyntaf o fis Medi cefais amlen frown a siec am fy ngwaith yn ystod mis Awst. Mae'n anodd credu, llai nag ugain punt!! Rhyw dair ceiniog yr awr. Roeddwn yn gwybod cyn dechrau fod

Meddygaeth yn broffesiwn i'r cryf mewn corff a meddwl, ac nid i'r rhai oedd yn edrych ar y cloc drwy'r amser ac yn grwgnach.

Roedd rhyw bymtheg ohonon ni Feddygon Tŷ yn byw gyda'n gilydd, yn hapus ein bod yn cael profiad da a hwyl ymysg y tristwch a ddaw wrth ddelio â salwch a marwolaeth. Llwyddodd y rhan fwyaf ohonon ni i gadw ein hysbryd yn uchel, er bod iselder wedi taro dau neu dri. Mae'r ystadegau'n dweud fod un o bob pedwar meddyg yn ystod y flwyddyn gyntaf yn dioddef o iselder ysbryd clinigol.

Yr adeg honno, Meddygon Tŷ oedd yn edrych ar ôl yr Adran Ddamweiniau o 5 o'r gloch y prynhawn hyd 8 o'r gloch fore trannoeth. Byddai un ar ddyletswydd o 5 hyd 12, a'r llall o ganol nos hyd 8 y bore, a hyn ar ben y gwaith arferol ar y wardiau a'r theatr. Fe fydden ni'n gweld pethau erchyll megis erthyliadau oedd wedi eu perfformio'n anghyfreithlon lawr yn y dociau, neu efallai gan feddygon oedd yn ddigon mentrus i helpu'r anffodus er nad oedd y gyfraith yn caniatáu hynny. Yn ddiweddarach daeth deddf gwlad i gynorthwyo'r beichiog nad oedd eisiau plentyn am wahanol resymau. Chyfaddefodd neb pwy oedd y meddygon, ac ni fu'r un ohonyn nhw o flaen ei well.

Roedd y plismyn gerllaw yn aml, yn holi beth oedd yn bod ar hwn a hon – wedi cael anaf difrifol wrth ymladd neu bethau felly. Roedd damweiniau car yn bethau cyffredin. Byddai chwaraeon ar brynhawn Sadwrn hefyd yn cynyddu nifer yr ymwelwyr â'r uned. Yn wir, roedd dydd Sadwrn yn amser prysur, yn waeth gan fod y meddyg cyntaf yn dechrau ganol dydd ac yn gweithio hyd ddeuddeg y nos. Cofiaf noswyl Nadolig 1956. Fy nhro i oedd gofalu am y lle a gwelais 84 o achosion cyn deuddeg o'r gloch y nos. Roedd gwely yn lle nefolaidd y noson honno!

Os oedd achosion trist roedd ambell achos yn gomedi pur! Un o'r pethau mwyaf rhyfedd a welais pan oeddwn yn feddyg ifanc oedd dyn gwyn tua 40 oed a ddaeth i mewn i'r ysbyty a dweud ei fod eisiau gweld meddyg gwryw. Fedrai e ddim eistedd a gwrthododd ddweud wrth y Sister beth oedd yn bod arno. Roeddwn i'n meddwl ar y dechrau efallai bod clefyd gwenerol arno, a rhoddwyd ef mewn ystafell ar ei ben ei hun.

Fe es i mewn ato heb wybod beth i'w ddisgwyl. Siaradais ag ef, ond ddywedodd e ddim gair, ond ymhen ychydig penderfynodd ostwng ei drowser ac yno roedd y rhan metel o fwlb golau yn ymddangos o dwll ei ben-ôl! Wedi bod yn dirion wrtho, gofynnodd imi beidio dod ag unrhyw un arall i'r ystafell, a dweud yr hoffai i mi ei gael allan fy hunan. Meddyliais dros y peth.

Roedd y cyhyrau mewn tensiwn yn y man pwysig, a'r dyn hefyd yn dioddef o densiwn. Rhoddais dabled iddo ymlacio, a bu'n gydweithredol iawn wedi imi esbonio diben y feddyginiaeth. Wedi chwarter awr roedd yn bryd i mi weithredu. Gwisgais y menig rwber a rhoi cymaint ag a allwn o eli seimllyd o gwmpas y bwlb, yna defnyddio chwistrell heb nodwydd bigog. Meddyliais rewi o gwmpas y bwlb ag anesthetig lleol ond penderfynais beidio. Rhaid oedd bod yn dra gofalus; pe byddai'r gwydr wedi malu, byddai'r gwaith wedi bod ganwaith yn fwy anodd. Yn wir byddem wedyn wedi gorfod ei roi i gysgu, a nôl anesthetydd ac yn y blaen. Ond, yn araf, a'r dyn wedi ymlacio, daeth y bwlb allan. Os oes rhaid i chwi wybod, Osram oedd y gwneuthuriad, 60 wat! Roeddwn yn chwysu mwy na'r claf.

Fe es i 'nôl i'r ystafell gyffredin lle roedd tua deg o feddygon yno, a dywedais yr hanes. Ar ôl i fi orffen fe ddywedodd rhyw wag o'r gornel bellaf, bachgen o ardal Cwmtawe, "A oedd y golau mlaen yn y bwlb?" Rhyw hiwmor fel yna a gadwodd ein hysbryd ni'n aml. Wedi i'r claf fynd adref fe fues i'n meddwl ym mha ben roedd y broblem fwyaf!

Roeddwn yn gwneud llawdriniaeth nerfol ac yn mwynhau'r gwaith. Roedd yn ddydd Mercher, ym mis Medi, ac roedden ni wedi cael diwrnod cymharol dawel. Dim llawdriniaethau'r diwrnod hwnnw, ac yn diolch am gael edrych ymlaen at noson o ddarllen nofel efallai. Ond, am hanner awr wedi pump, dyma alwad i fi o'r Adran Ddamweiniau, i ddod ar frys. Doeddwn i ddim wedi cael y profiad o ddelio ag argyfwng tebyg o'r blaen.

Roedd bachgen 11 oed wedi ei fwrw lawr gan lori ac yn anymwybodol. Fe wnes i archwiliad manwl a gweld clais ar ochr dde ei dalcen ond fawr ddim arall i'w weld o'i le. Ond, wedi pum munud, roedd yn amlwg ei fod yn gwaethygu ac yn mynd yn ddyfnach i anymwybyddiaeth. Arwydd arall bod y sefyllfa'n ddifrifol ac yn galw am weithredu ar unwaith oedd y ffaith fod cannwyll ei lygad dde yn cynyddu mewn maint yn gyson. Roedd yn gwaedu tu fewn i'w benglog a'r pwysau yno'n cynyddu. Roedd Mr Langmaid a'r Registrar wedi mynd adref, a ffoniwyd nhw i ddod i mewn ar unwaith gyda cheir yr heddlu yn eu harwain o'u cartrefi i'r ysbyty.

Fe es i â'r claf i'r theatr, eillio ei ben yn llwyr a chymryd sampl gwaed i drefnu cael dau beint i'w trallwyso, gan y tybiwn y byddai eu hangen. Rhoddais ef ar ei ochr chwith, fel bod ochr dde ei benglog i fyny. Daeth yr anesthetydd, ond doedd mo'i angen i ddechrau gan fod y claf yn anymwybodol, ond arhosodd gyda ni drwy'r amser.

Cyrhaeddodd y ddau ddyn pwysig, golchi eu dwylo ac ymlaen â'r driniaeth. Torrodd Mr Langmaid i mewn i'r benglog ychydig yn uwch na'r glust, yna ceisio cael gafael ar y wythïen oedd yn achosi'r gwaedu. Bu am dros awr yn cael gafael ynddi. Bob tro y byddai'n agos byddai rhagor o waed yn llifo i guddio'r fan. Defnyddiwyd y ddau beint o waed ac yn wir bu'n rhaid cael dau beint arall i gwblhau'r driniaeth. Doeddwn i ddim wedi gweld sut ddrama o'r blaen, a bu'n agoriad llygad i mi. Mor bwysig oedd adnabod y salwch yn iawn ar y dechrau – awr arall a byddai'r canlyniad yn angheuol.

Ar ôl i'r gwaedu orffen, rhaid oedd cau'r benglog â chymaint o asgwrn ag roedden nhw wedi'i gadw ar y dechrau. Cadach wedyn dros y cyfan, ond peidio cuddio'r llygaid – roedd cannwyll y llygad wedi mynd 'nôl i'w maint arferol erbyn hyn. Doedd dim

Uned Gofal Dwys yn yr ysbyty bryd hynny, ac awd â'r claf 'nôl i'r ward arferol. Fe fues i gydag e am bedair awr, i wneud yn siŵr nad oedd y gwaedu yn ailddechrau. Daeth Mr Langmaid i mewn cyn canol nos gan ddweud wrthyf am fynd i'r gwely ac y byddai'r bachgen yn iawn am y nos. Cerddodd y bachgen allan gyda'i rieni ymhen deng niwrnod, a'r unig newid oedd ychydig o lygad tro ar y llygad de. Os dyna'r unig broblem ar ôl y fath ddamwain ddifrifol yna, bu'n hynod o lwcus.

Roedd y gwaith yn ddiddiwedd, nos a dydd. Ond, cefais bedair awr allan o'r ysbyty ddwywaith yn ystod mis Medi. Y tro cyntaf, i wrando ar Mr Langmaid yn chwarae'r piano yn rhan o ddeuawd gyda Leon Goosens, obÖydd mwya'r wlad ar y pryd. Gwyddwn fod llaw dda ganddo fel arbenigwr, ond roedd yn gerddor gwych hefyd. Roedd wedi bod yn organydd yn ei gapel am flynyddoedd, ac yno y cynhaliwyd y cyngerdd. Rhaid imi gyfaddef fy mod wedi mwynhau'n fawr wrth eistedd yn y galeri.

Yr ail dro oedd pan ofynnodd i fi fynd i ginio nos Sul gydag ef a'i wraig. Roeddwn i dipyn yn nerfus, ond roedd y bwyd yn ardderchog. Daeth i'm nôl o'r ysbyty a'm hebrwng yn ôl wedi'r wledd. Roedd cerddoriaeth yn rhan o'r noson wrth gwrs, a gofynnodd imi basio un o'r recordiau hir iddo. Cydiais ynddi mewn ffordd na ddylwn, a gadael ôl fy mys bawd ar y plastig du. Roedd y gŵr mawr wedi methu cael bai ar fy ngwaith, ond cefais bryd o dafod am drafod ei record mewn ffordd na ddylwn!

Wedi deufis roeddwn i fod symud o'r Adran Llawdriniaeth Nerfol i uned Llawdriniaeth Gyffredinol yr Athro Lambert Rogers. Ond, nid oedd Mr Langmaid na'r Registrar wedi cael gwyliau ers amser hir. Gan fy mod wedi cyfarwyddo â'r gwaith ac yn wir yn eu helpu nhw yn y theatr ac yn y blaen, gofynnwyd imi aros am fis arall er mwyn iddynt gael pythefnos o wyliau'r un. Golygai hyn fod yn rhaid imi gynorthwyo gyda phob llawdriniaeth nerfol am fis; bu'n brofiad bythgofiadwy.

Roedd llawdriniaeth yn gofyn am fod yn ddeheuig iawn, yn

Ennill gwobr yn bedair oed

Hefin a fi yn y twba

Dyfed a Dilys

'Nhad a Mam

Teulu Alltycnydau – Anti Annie, Wncwl Evan ac Anti Lisa

Clos Alltycnydau, a'r gegin

Fi ac Anti Annie

Medal Aur mewn Llawfeddygaeth

Ken Lane – trawsblaniad calon

Pam Jones, a stopiodd smygu drwy hypnosis

Colin Ballett, a gafodd drawiad ar y galon mewn gorsaf betrol

Lifesaving 'miracle'

STABLE CONDITION: Colin Ballett who waited 30 minutes for an ambulance while he fought for his life.

A MIRACULOUS coincidence may have saved the life of a Penarth man who collapsed at a garage – after an ambulance took more than half an hour to respond to the emergency call.

Seventy-three-year-old Colin Ballett, who has a serious heart condition, was left fighting for his life after collapsing at the Penarth Tesco garage.

According to his wife Simone, Colin owes his survival to the fact that retired GP Dr Joshua Elias – once Colin's own doctor at Stanwell Road Surgery – was in the garage filling up his car with petrol at the time.

Colin, of Penarth Marina, collapsed when his pulse rate soared to 255 as he stopped at the garage on New Year's Eve.

Simone said: "I feel that Dr Elias,

By Ian Bebb

who by a miracle happened to be at the garage that day, was instrumental in keeping my husband alive in a life-threatening situation.

"I thank God daily for him being there.

"We explained clearly when we made the emergency call that it was a life-threatening situation, but after 30 minutes there was still no sign of an ambulance.

"We were on the point of making a third emergency call when it arrived – apparently from Cowbridge."

When the ambulance finally arrived, Simone said the crew would not use a defibrillator to assist her husband – explaining he would have to wait for hospital staff to apply it.

Simone said: "I just can't understand why they wouldn't use the defibrillator.

"I really would like to know if it's because the staff weren't trained to use the equipment or if it's ambulance trust policy not to use them."

Dr Joshua Elias said: "I asked for a defibrillator to come with the ambulance. Colin had gone into what we call orricular fibrillation with his pulse rate over 200.

"He was very ill and could have died on the spot.

"I certainly think it would help if all ambulance drivers were able to use defibrillators on the spot, with prior consent of hospitals."

Colin, a former British Telecom worker, is now in a stable condition in Llandough Hospital and is awaiting tests to find out more about his condition.

Simone added: "I would like to express my heartfelt gratitude for the concern and kindness shown by the staff at Tesco – in particular customer services manager Maria and store manager Trevor.

"Since New Year's Eve we have received phone calls, fruit and flowers from Tesco – which is not a faceless giant, but a store with compassionate, caring people."

The Welsh Ambulance Services NHS Trust refused to comment on the use of defibrillators by ambulance crews.

In a statement a spokesperson said: "The Welsh Ambulance Services NHS Trust has not received a complaint from the patient or the patient's family. Should the Trust do so it will ensure that the matter is looked into accordingly."

Hanes Colin Ballett yn y *Penarth Times*

Uchod: John Roberts (yr ail o'r dde) yn 15 oed

John Roberts dair blynedd wedi'r driniaeth

Janet yn cwblhau Marathon Llundain mewn 6 diwrnod yn 2005

Yr awdur gyda'r Athro John Dodge

Kate Dodge

Bethan, gyda llun olew ohoni. (Merch fy nghyfaill John, gynt o
Frynteg, Maesllyn)

Ar fordaith gyda'r wraig, Jo

Y ddau fab, Ian a Marc

Hefin

Dyfed

Dilys

Elwyn

Amy, merch Ian, yn 8 oed

Rhian, merch Marc, yn 8 oed

George Joshua, fy ŵyr, yn 6 oed

arbennig wrth weithio ar yr ymennydd. Roedd yn rhaid bod yn ofalus, megis wrth drin y chwarren bitwidol (*pituitary gland*) sydd yn union dan yr ymennydd yn y benglog. Yr adeg honno rhaid oedd torri'r chwarren yma i ffwrdd os byddai salwch arni. Yr unig ffordd i gyrraedd ati oedd drwy ochr y benglog. Fy ngwaith i oedd dal un ochr yr ymennydd i fyny i'r prif lawfeddyg gyrraedd y chwarren a'i thorri i ffwrdd. Erbyn hyn gwneir y llawdriniaeth drwy'r trwyn a ffrind i mi, Cymro Cymraeg o Garno, Stephen Richards, a berffeithiodd y dull hwn o lawdriniaeth. Un o chwe mab fferm oedd Stephen. Arhosodd tri mab adref ar y fferm ac aeth tri i'r coleg. Hoffai ddweud bob amser fod y tri mab a arhosodd adref yn fwy hapus na'r tri a aeth i'r coleg!

Un diwrnod digwyddodd rhywbeth nad wyf wedi sôn amdano wrth neb tan nawr, ond rhaid bod yn onest. Yn wir, wrth edrych 'nôl, rwy'n credu mai'r digwyddiad yma a wnaeth i mi ddewis peidio â bod yn llawfeddyg. Roedd pawb, yn enwedig yr Athro, yn disgwyl i mi fynd ymlaen i fod yn llawfeddyg ar ôl ennill y Fedal Aur oedd yn cael ei rhoi dim ond bob rhyw dair neu bedair blynedd. Un diwrnod bob wythnos byddai tua 20 o arbenigwyr yn yr ysbyty yn crynhoi am wyth y bore, ac yn dangos y cleifion mwyaf diddorol i'w gilydd am awr.

Gofynnodd yr Athro i mi ddangos un o'r cleifion i'r bobl bwysig yma. Dechreuais yn dda, ond wedi tair munud aeth yr atal dweud yn drech na fi, ac aeth yn stop llwyr arna i. Bu distawrwydd ac yna cymerodd yr Is-athro fy lle. Roeddwn wedi methu, ac rwy wedi ail-fyw'r munudau hynny ddwsinau o weithiau drwy fy oes. Roedd gennyf y gallu a'r wybodaeth ond roeddwn wedi methu siarad yn gyhoeddus a hynny'n rhan bwysig o fywyd arbenigwyr llawfeddygol.

Yn rhyfedd iawn ni soniodd yr un o'r meddygon wrthyf am y digwyddiad erioed. Pam na wnaethon nhw awgrymu i mi gael triniaeth feddygol neu seicolegol? Bu i minnau gadw'r digwyddiad dan glo yn fy meddwl tan nawr. Dyma ddweud amdano o'r diwedd.

GWELLHAD GWYRTHIOL?

DAETH NEWID, O'R BYD tra arbenigol i'r cyffredinol, sef llawfeddygaeth yn delio â thipyn o bopeth. 'Siôn pob swydd' neu 'Wat naw crefft' fel dywed y Cymro. Yr arfer oedd i'r Meddyg Tŷ fynd rownd ei wardiau yn gynnar ar ôl brecwast, un yn edrych ar ôl y menywod a'r llall y dynion, ac yna 'nôl i ddrws stafell yr Athro erbyn hanner awr wedi wyth. Byddai'r Athro yn cyrraedd yn ei Rolls Royce, ac yn parcio nesaf at ddrws y ffrynt – byth yn hwyr. Cnoc ar y drws, "Dewch mewn", ac i mewn â ni. Rhaid oedd rhoi hanes unrhyw newidiadau a fu yn ystod y nos, ac os oedd rhywun yn wael iawn, yna byddai angen gwybodaeth ychwanegol.

Yn ward y dynion, Elize Nixon, y dechreuais arni. Roeddwn yn adnabod y Sister oedd ar y ward oherwydd roeddwn wedi gweithio gyda hi o'r blaen pan oedd hi'n nyrs staff mewn rhan arall o'r ysbyty a minnau'n fyfyriwr. Roeddwn wedi gwneud ffafr â hi yr adeg honno – sef achos dynes go dew yno, tua 60 oed, oedd yn methu pasio dŵr ar ôl llawfeddygaeth. Daethai i mewn fel achos brys dri diwrnod ynghynt gyda chwlwm yn y perfedd. Roedd yn hawdd teimlo'r bledren lawn, fel pêl-droed, hyd yn oed trwy'r braster. Roedd y nyrs staff wedi treio gosod catheter, ond wedi methu. Doedd hi ddim eisiau sôn am ei methiant wrth y meddygon, a gofynnodd i mi dreio. Cefais fenig rwber, wyth eu maint, ac ymlaen â'r dasg. Wedi ymbalfalu am dipyn i mewn â'r catheter a daeth ffrydiau melys iawn i'r llestr. Yn wir, bu'n rhaid ei arllwys cyn ail-lanw – dau beint i gyd. Teimlodd y claf yn well a daeth gwên ar wyneb y nyrs!

Doedd hi ddim wedi anghofio hyn a phan ddes i i Ward Elize Nixon, a hithau erbyn hyn yn Sister, cefais bob gofal. Yn wir roeddwn yn ffefryn! Dywedai rhai o'r meddygon eraill mai fi oedd ei dewisddyn, ond, doedd hynny ddim yn wir er bod pethau yn aml yn edrych fel hynny, gan fy mod yn cael llawer o faldod a sylw ganddi – cwpanaid ychwanegol o goffi ac yn y blaen.

Pan dawelodd yr awr brysur ar ddechrau'r dydd, fe aeth y Sister â fi o gwmpas y cleifion i roi'r wybodaeth ddiweddaraf amdanyn nhw. Fe ddechreuon ni mewn ystafell dau wely oedd ar y dde wrth fynd i mewn i'r ward fawr o tua ugain o welyau. Roedd dwy wraig yno, a chefais dipyn o syndod. Dywedodd Sister mai yno y cadwai'r Athro ei 'Bobl Bwysig Iawn' (VIP medd y Sais). Tu ôl i'r sgrin, yn y gwely nesaf at y drws, roedd Mrs Evans, a chefais fy nghyflwyno iddi. Cymraes o Gaerdydd, a oedd yn ddynes hyfryd tua 80 mlwydd oed ac yn wreiddiol o ardal Aberystwyth. Y peth mwyaf amlwg oedd ei chroen. Roedd yn felyn. Dywedais wrthi y deuwn 'nôl i siarad â hi wedi gweld y lleill.

Aeth y rownd ymlaen am hanner awr, yna cwpanaid o goffi gyda Sister yn ei hystafell. Dechrau da! Daeth hanes Mrs Evans i'r brig wrth i ni sgwrsio, a dywedodd mai hi oedd mam y Sister oedd wedi ymadael fis ynghynt. Roedd yr Athro yn garedig iawn i'w staff ac os oedd unrhyw broblem gydag un o'i staff byddai'n fwy na pharod i helpu. Felly y bu gyda Mrs Evans. Cytunodd yr Athro i ddod â hi i mewn i'r ysbyty, gyda'r diagnosis o gancr, ar y cylla mae'n debyg, sef salwch terfynol. Roedd yn ddyn caredig, bonheddwr a dweud y gwir, ac ni fynnai roddi mwy na mwy o brofion i hen bobol os nad oedd eu hangen o ddifri. Byddai 'dyngarol' efallai yn ddisgrifiad da ohono. A dweud y gwir, dim ond prawf gwaed roedd hi wedi'i gael ers iddi ddod i'r ward yr wythnos cynt.

Roedd ei merch yn dod i'w gweld bob dydd ac yn cael aros faint a fynnai, ond ddim yn holi llawer oherwydd roedd yr Athro wedi dweud beth oedd yn bod ar ei mam. Roedd ei air e bob amser yn ddeddf. Ond doeddwn i na'r Sister yn hapus gyda'r agwedd yma. Yn ein barn ni'n dau roedd yn rhaid gwneud pob ymdrech i wella pawb; dyna'r ffordd roedden ni wedi cael ein dysgu wrth astudio meddygaeth. Fe gytunodd y Sister â fi y bydden ni'n gwneud popeth y gallen ni heb wneud hynny'n rhy amlwg, oherwydd claf yr Athro oedd hi, a rhaid oedd cadw o fewn y terfynau.

Y peth cyntaf y cytunodd y Sister a fi arno oedd defnyddio padell wely bob dydd. Roedd y cynnyrch ynddo erbyn hyn fel pwti, bron yn wyn a heb lawer ohono, ond gan nad oedd chwant bwyta ar yr hen wraig roedd hyn i'w ddisgwyl. Roedd ei dŵr yn frown, felly rhaid bod bustl yn crynhoi yn ei chorff a pheth ohono yn dod trwy'r arennau. Roedd hyn yn esbonio'r cosi oedd ar ei chroen, oherwydd roedd hi'n crafu yn ddiddiwedd, ac ôl ei hewinedd mewn mannau. Doedden ni ddim am fentro mesur faint o'r bustl oedd yn y gwaed, neu byddai'r Athro'n dod i wybod.

Wedi pedwar diwrnod, dywedodd Sister fod rhywbeth rhyfedd wedi digwydd i Mrs Evans. Roedd y boen wedi mynd a chwant bwyta arni unwaith eto. Ai gwyrth oedd wedi digwydd? Roedd yr Athro yn ddyn duwiol, yn darllen pennod yn yr Eglwys oedd yn rhan o'r ysbyty bob Sul. Roedd y dirprwy, Mr Aldis, yn bregethwr cynorthwyol yn ogystal â bod yn llawfeddyg da, a llawer tro gwelais y Beibl ar agor ar ei ddesg. A oedd gweddïau'r ddau wedi gwella'r claf?

Fe ddaeth y Sister a fi o hyd i esboniad gwyddonol ar y gwellhad gwyrthiol – diolch i'r badell wely. Galwodd nyrs ni i'r tŷ bach lle rodden nhw'n gwagio'r padelli gwely a'u golchi. Ym mhadell wely Mrs Evans fe welon ni esboniad ar y gwellhad gwyrthiol sef carreg fustl (gall stone), tua modfedd o led, oedd wedi rhwystro'r bustl rhag dod i'r perfedd. Aeth y ddynes adref ymhen wythnos a dim ond eisiau bwyd da oedd arni i fod 'nôl fel yr oedd cynt. Gwelais ei merch ymhen tri mis, ac roedd hi'n ddiolchgar am ein gwyliadwriaeth, oherwydd oni bai am hynny fydden ni ddim wedi cael y diagnosis iawn, ac efallai'n dweud bod gwyrth wedi digwydd a'i bod wedi gwella o gancr!

Y peth mwyaf anodd oedd dweud wrth yr Athro, ond bu'n

ostyngedig iawn, ac o hynny allan, gofynnai am farn y Meddyg Tŷ a'r Sister bob amser!!

Rhyfedd iawn yw'r cysylltiad rhwng y corff a'r meddwl. Cofiaf yn dda am ddyn yn y ward fawr. Roedd e dros ei 50 oed ac wedi'i anfon yno gan un o'r arbenigwyr meddygol gyda diagnosis o gancr ar y cylla. Y bwriad oedd i ni ei baratoi ar gyfer triniaeth lawfeddygol, sef, os yn bosibl, torri'r cancr i ffwrdd. Fe es i i siarad â'r claf y diwrnod cyn ei lawdriniaeth, ac roedd y cyfan yn edrych fel cancr – poen yn y lle arferol, colli pwysau, ddim yn bwyta ac yn y blaen. Roedd y pelydrau X yn dangos fod rhywbeth o'i le ond heb ddangos dim byd pendant.

Penderfynodd yr Athro fynd ymlaen â'r llawdriniaeth, ac felly y bu. Roeddwn yn cynorthwyo gyda'r llawdriniaeth ac agorwyd y bola, i lawr i'r cylla, rhyw dair modfedd o doriad. Doedd dim i'w weld o'i le! Edrychwyd ar bopeth arall, yr afu, y pancreas ac yn y blaen, ond roedd y cyfan yn iach. Roedd yn rhaid wynebu'r canlyniad. Pan ddaeth ato'i hun dywedais wrtho nad oedd dim yn bod arno. Ar y dechrau doedd e ddim yn fy nghredu, ond wedi chwarter awr o bwysleisio, derbyniodd fy ngair, a dywedais y byddwn i 'nôl drannoeth i'w holi.

Wrth ei holi'n fanwl daeth yn amlwg fod iselder ysbryd arno, a ffobia am gancr. Dri mis ynghynt roedd wedi darllen llyfr oedd yn rhoi symptomau cancr, ac roedd e wedi dod i'r casgliad mai cancr oedd arno ef, ac nad oedd yn bosibl iddo fod yn unrhyw beth arall! Roedd y meddwl wedi 'creu' y symptomau. Daeth englyn anfarwol Isfoel, brawd Mam-gu, i'r 'Meddyg' i'm cof, a sylweddoli mor wir ydoedd yn aml.

Y MEDDYG
Ei botel gadwodd Beti – ei gyngor
Rhag angau gaeth Mari,
Ei weld ef eli Dafi –
Meddwl oedd trwbwl y tri!

Efallai bod y gof, yr amaethwr a'r bardd o ardal Llangrannog yn gwybod mwy na'r arbenigwyr a oedd wedi astudio meddygaeth am flynyddoedd!

Daeth diwrnod mawr ym mis Tachwedd. Ar brynhawn Sadwrn, a minnau yn fy nghot wen, daeth neges fod rhai o'r teulu gyda'r porthor ger drws y ffrynt. Doeddwn i ddim wedi cael unrhyw neges cyn hynny fod rhywun yn dod ac es lawr, a phwy oedd yno, er mawr syndod i mi, ond fy nhad a'm brawd lleiaf Elwyn. Roedd gwŷr y teledu yn recordio rhaglen i'w darlledu'r wythnos ganlynol, a thimau o wahanol ysgolion yn cystadlu yn erbyn ei gilydd mewn gwybodaeth gyffredinol ac roedd Elwyn yn nhîm Ysgol Ardwyn, Aberystwyth.

Roeddwn i wrth fy ngwaith heb obaith cael amser rhydd i siarad â nhw ac felly fe es i â nhw o gwmpas y wardiau a'r theatr, ac yna cwpanaid o de yn y ffreutur. Gofynnais i Elwyn beth roedd e'n ei astudio ar gyfer ei Lefel A, a dywedodd Cymraeg, Saesneg a Hanes, gan ychwanegu nad oedd ganddo unrhyw syniad beth roedd e am ei wneud wedi hynny. Fe ddywedais i, "Pam na wnei di astudio Meddygaeth?" ac, er mawr syndod i fy nhad a finnau, cytunodd. Dyna i chi dröedigaeth ryfeddol – newid cwrs bywyd mor sydyn â thröedigaeth Saul ar y ffordd i Ddamascus!

Aeth Elwyn 'nôl i Ysgol Ardwyn ar fore Llun, a dweud wrth yr athrawon a'r Prifathro ei fod am newid ei gwrs ac astudio pynciau gwyddonol er mwyn mynd yn feddyg. Roedd e hanner ffordd drwy dymor cyntaf yn y chweched a dywedodd yr athro Ffiseg nad oedd ganddo obaith llwyddo gan iddo golli chwe wythnos gyntaf y cwrs gwyddonol. Ond llwyddo a wnaeth.

Aeth i'r Ysgol Feddygol yn Guys yn Llundain a dod yn fyfyriwr gorau ei flwyddyn, yna'r MRCP ymhen blwyddyn ar ôl graddio, ac yna i Ysbyty'r Royal Free yn ddarlithiwr gyda Dame Sheila Sherlock. (Roedd ei gŵr hi, Dr Geraint James, yn dod o Sir Aberteifi.) I'r Amerig wedyn, yn Is-athro yn Ysgol Feddygol Yale, ac yna 'nôl i Birmingham yn Athro mewn Meddygaeth ac yn

Bennaeth ar Adran yr Afu, lle mae'n gyfrifol am drawsblaniadau. O fewn 10 mlynedd roedd ganddo'r Adran fwyaf yn Ewrop, gyda 43 o welyau, ac mae iddo statws rhyngwladol fel arbenigwr yn ei faes. Mae e nawr yn Llywydd Cymdeithas Gastro-enterig Prydain Fawr. Rwy'n falch iawn ohono.

Un peth a ddysgais yn gynnar yn fy ngwaith fel meddyg oedd bod yn isel a siarad â phawb – waeth beth oedd eu statws a'u safle. Gwendid mawr nifer o feddygon yw credu eu bod yn deall y cwbl a pheidio siarad â phobl islaw iddyn nhw mewn statws. Yn fy mhrofiad i, mae gan bob Sister a nyrs wybodaeth yn aml sy'n werthfawr i'r meddyg. Cefais lawer o hwyl hefyd yn siarad â phorthorion – llawer ohonyn nhw'n gymeriadau gwreiddiol a difyr. Roedd rhyw hiwmor du neu ddigrifwch tywyll gan rai ohonyn nhw.

Daeth dyn tua 50 oed i mewn i Ward Elize Nixon, erioed wedi bod mewn ysbyty o'r blaen. Roedd Mr Aldis wedi'i weld yn yr Adran Allanol – problem gydag ewin ei droed dde oedd yn tyfu'n galed, ac yn troi fel corn hwrdd. Ni allai wisgo ei esgidiau yn iawn a'r gair amdano yw 'crafanged' neu *onychogryphosis*. Roedd yr Athro am i'r myfyrwyr weld esiampl o gynifer o bethau â phosibl ynghyd â'r driniaeth ar eu cyfer, sef yn yr achos yma, tynnu neu dorri'r ewin i ffwrdd o'r gwraidd. Fe fu'r claf ar y ward am dridiau er mwyn i bawb gael cyfle i'w weld cyn y llawdriniaeth. Dyn nerfus, dibriod oedd e, a doedd e ddim yn gweithio, felly roedd yn gyfleus iddo dreulio wythnos ar y ward. James Nelson oedd ei enw, o ardal Llanrhymni.

Pan ddaeth dydd y driniaeth, a oedd yn rhwydd iawn i'r arbenigwyr – dim ond rhewi'r bawd, dim anesthetig cyffredinol ac ymlaen â'r gwaith. Daeth y porter i'w nôl i fynd ag e i'r theatr mewn cadair olwyn. Doedd dim eisiau cadair olwyn arno mewn gwirionedd gan y gallai fod wedi cerdded yr 20 llath oedd i fynd yno, ac meddai wrth y claf, "Mr James Nelson?"

"Ie," meddai'r dyn bach.

"Dyddiad geni 1-8-1905?"

"Ie."

"Torri'r goes dde bant!"

Bu'r claf bron â llewygu, "Na, na, na!" meddai.

Ac meddai'r porthor, "Dyna sydd lawr ar y papur, a mwy na hynny, mae dyn ar ward arall wedi cael ei goes chwith i ffwrdd, yn gwisgo'r un maint o sgidiau â chi, ac yn fodlon prynu eich sliper dde!!"

Roedd pawb yn chwerthin, a deallodd y claf ymhen munud neu ddwy mai tynnu ei goes oedd y porthor, ac aeth yn gysurus yn ei gadair. Llwyddiannus fu'r llawdriniaeth gymharol fach.

Cadwodd yr Athro ef i mewn am wythnos arall. Fyddai'r peth ddim wedi digwydd heddiw. Yn wir, fyddai'r claf ddim wedi dod i'r ward o gwbl a byddai'r gwaith wedi'i wneud fel claf allanol – adref yr un dydd a'r nyrs yn y gymuned yn mynd i'w weld ar ôl y driniaeth. Cyflymder yw popeth heddiw a throi'r claf o'r ysbyty cyn iddyn nhw gyrraedd yn iawn. Cadw ffigurau a dangos pob awr y bu'r claf i mewn, a'r Adran Iechyd yn cadw sŵn os nad yw pethau'n unol â'r drefn. A yw'r ffigurau wedi dod yn fwy pwysig na'r claf?

Roedd gan y meddygon hefyd eu hiwmor eu hunain a bydden nhw'n hoffi tynnu coes meddyg ifanc. Pan wnes i lawfeddygaeth syml ac elfennol iawn 'run fath â'r un uchod y tro cyntaf, roedd diferyn o waed ar y ford ac meddai'r Registrar pan edrychodd i mewn i weld sut roedd pethau'n mynd, "Sawl peint o waed sy gyda chi wrth gefen rhag ofan?!"

LLAWENYDD A SIOM

DIWRNOD NEU DDAU AR ôl dydd Calan, fis cyn gorffen yn yr Uned Lawfeddygol, daeth neges o Ysbyty Cyffredinol Caerdydd imi fynd i weld yr ysgrifenyddes yn ei swyddfa. Roedd yr Athro Scarborough am fy ngweld. Gwnaed trefniant i ni gwrdd â'n gilydd, a gwraidd y peth oedd ei fod yn cynnig y swydd imi fod yn Feddyg Tŷ am chwe mis. Dyma'r dyn oedd wedi fy ngwefreiddio yn 1953 pan oeddwn yn fyfyriwr gyda'i ddarlith gyfareddol 'Beth ydw i'n ei wneud fan hyn?' Dyma'r swydd uchaf ei statws yng Nghymru fel Meddyg Tŷ mewn meddygaeth, ac un ateb yn unig oedd yn bosibl – derbyn!

Yma y deuai'r problemau cymhleth o bob rhan o Gymru, a'r cof cyntaf sydd gennyf yw bachgen 17 oed yn dod i mewn i'r ward – Cymro Cymraeg o Sir Fôn. Roedd wedi bod yn gweld arbenigwyr yn Ysbyty Bangor ddwywaith pan oedd yn 10 oed, yn Lerpwl yn 12 a 14 oed, a Manceinion pan oedd e'n 15 oed ond heb gael ateb i'w ddolur. Roedd wedi dod i Gaerdydd hefyd pan oedd e'n 15 oed ond heb gael unrhyw lwyddiant. Yn wir, y farn oedd mai yn y meddwl yr oedd y trwbwl.

Anfonodd y meddyg teulu Dr Griffiths, Brynsiencyn, ef yn ôl i Gaerdydd eto a dyna pryd y gwelais i e. Ceisiodd y Registrar, menyw go alluog, gael ei hanes pan gyrhaeddodd tua thri o'r gloch y prynhawn, ond galwodd arnaf i gan fy mod i'n siarad Cymraeg. Roedd y bachgen wrth ochr ei wely erbyn hynny, wedi cael cwpanaid o de, ac yn barod i fi ei archwilio.

Cymerais yr hanes ac fe wnes ei holi'n fanwl am awr gyfan. Y prif ffeithiau oedd bod y salwch ganddo er pan oedd e'n 10 oed, sef poen yn ei fola rhwng y frest a'r bogel oedd yn dod wrth fwyta ac efallai ychydig cyn hynny neu wedyn. Doedd dim yn llaesu'r boen ond amser, a'r unig ffordd i beidio cael poen oedd peidio bwyta. Gofynnais bob cwestiwn a oedd yn addas, ond dim arwydd o'r diagnosis. Felly, fe ddes i i'r casgliad fod trwbwl corfforol ganddo rywle ger y cylla oedd ddim yn llaesu nac yn ymateb i feddyginiaeth. Roedd wedi cael archwiliadau a phelydrau X, ond doedd y rheiny ddim wedi dangos dim byd.

Ymlaen â'r archwilio. Crwtyn main, pum troedfedd o daldra oedd e, a dim ond pum stôn o bwysau. Roedd yn denau iawn gyda'i asennau'n amlwg. Yn wir roedd e mor wael ei wedd fel ei fod e'n edrych fel carcharor rhyfel yn Belsen. Fe es i drwy bob system. Doedd dim yn anarferol ond efallai ychydig o boen wrth wasgu ei gylla. Daeth llawer i'w weld a neb yn gwybod beth oedd yn bod, ond pawb yn cytuno fod rhywbeth corfforol yn achosi'r poenau, er nad oedd yr un o'i rieni na'r un o'i frodyr chwaith, yn dioddef o'i ddolur.

Fe anfonon ni i nôl un o lawfeddygon gorau Cymru, sef Mr Foster. Roedd tua dwsin ohonon ni wedi ymgasglu ac yn disgwyl clywed ei farn. O'r braidd y gallech weld y claf, gyda chynifer o feddygon a myfyrwyr wedi ymgasglu o gwmpas y gwely. Aeth Mr Foster trwy'r nodiadau'n drwyadl, yna ymchwiliad byr, a phenderfynodd nad oedd yn fodlon i'r bachgen fynd 'nôl i'r gogledd heb geisio ei helpu a byddai felly'n cael llawdriniaeth mor fuan ag oedd yn bosibl.

Rhaid oedd imi anfon at ei rieni i gael hawl i wneud llawdriniaeth. Doedd dim ffôn yn y tŷ, felly rhaid oedd gwneud y cyfan drwy'r meddyg teulu. Yna cymryd sampl gwaed, a chael grŵp y bachgen rhag ofn y byddai'n rhaid cael trallwysiad yn ystod y driniaeth. Daeth y teulu bach i Gaerdydd ac fe fues i'n siarad â nhw yn iaith y Nefoedd – pobl ardderchog. Roedden nhw'n ddiolchgar iawn fod gobaith cael gwellhad o'r diwedd. Pam na wnaeth arbenigwyr mawr Lloegr fwy o ymdrech i wella'r bachgen? Os nad ydych yn gwybod beth sydd o fewn ystafell, ond gan wybod fod problem yno, rhaid felly agor y drws neu'r ffenestr i gael gweld! Byddai'n rhwydd iawn pe byddai'r Creawdwr wedi rhoddi *zip* i ni i gyd rhwng y frest a'r pelfis, un hawdd ei agor i ni gael cipolwg y tu fewn. Ond nid felly y mae, a diolch fod arbenigwyr galluog a dewr fel Mr Foster yn fodlon mynd ati i geisio datrys achosion anodd.

Rhoddwyd y bachgen yn gyntaf ar restr y llawfeddyg ar gyfer y bore Llun. Arhosodd teulu y bachgen i lawr yn y cyffiniau, ac roedd yn amser gofidus iddyn nhw. Daeth yr awr, a chafwyd yr ateb a gwellhad llwyr! Wrth wneud yr archwiliad llawfeddygol gwelwyd fod y cylla ei hun yn iawn. Ond, a dyma'r rhyfeddod mawr – ROEDD GANDDO GYLLA BACH ARALL – maint tanjerîn neu oren bach wrth ochr yr un mawr, yn gaeedig heb agoriad iddo nac oddi wrtho. Roedd y cylla hwn dan effaith yr un nerfau â'r cylla iawn, a phan fyddai'r bachgen yn bwyta byddai suddion y cylla yn cael eu creu yn y ddau gylla ond bod dim lle yn yr un bach iddyn nhw ddianc. Felly roedd y pwysau yn cynyddu ac yn achosi'r boen.

Bu'r bachgen yn ddi-boen unwaith torrwyd y cylla bach i ffwrdd, ac wedi mynd adref byddai'n bwyta cymaint â dau ddyn! Gwelais ef ymhen blwyddyn, ac roedd wedi ymestyn tua dwy fodfedd mewn taldra a chodi dwy stôn mewn pwysau! Roedd yn gweithio bob dydd ac yn ddiolchgar am y wyrth!

Pan oeddwn i'n ysgrifennu'r hanes yma penderfynais geisio cael gafael ar John Roberts. Cefais rif ffôn pob Roberts ym Mrynsiencyn – roedd 11 ohonyn nhw. Dechreuais eu ffonio a'r trydydd tro i mi ffonio, un o'r enw Jac Roberts a atebodd ac fe gofiodd e fod ei dad wedi sôn am y bachgen a'i ddolur rhyfedd. "Mi gaf afael arno i chi," addawodd. Dair noson wedyn dyma alwad ffôn, ac meddai'r llais, "John Roberts yma!" Roeddwn heb siarad ag e ers 50 mlynedd. Roedd wedi symud i Lwynhendy yn y de, ac wedi priodi, a theulu hyfryd ganddo. Roedd wedi gweithio fel mecanic drwy ei oes yn hollol ddi-boen ac yn ddiolchgar iddo gael gwelhad llwyr.

Er nad byd o wella drwy wyrthiau yw meddygaeth bob amser mae llwyddo i wella claf yn ein codi i'r cymylau.

Yn yr Uned Feddygol y cynhelid yr arholiadau mawr i'r myfyrwyr mewn meddygaeth ar ddiwedd y flwyddyn olaf. Fe ddoid â deg o gleifion gyda doluriau o bob math i mewn i Ward William Diamond er mwyn i'r myfyrwyr eu holi a'u harchwilio. Doedd dim hawl gyda fi i helpu'r myfyrwyr, ond teimlwn yr un pryd y dylwn gysylltu â nhw i weld a oedd popeth yn iawn, gan na fyddai ambell glaf yn dweud llawer i'w cynorthwyo.

Roedd un o'r myfyrwyr yn Gymraes annwyl, ac roeddwn wedi dweud "Sut mae?" wrthi lawer tro. Gofynnais iddi a oedd popeth yn iawn, fel y gwneuthum â'r deg arall, a dywedodd ei bod wedi gwneud diagnosis o Ddolur Hodgkin, ond roedd yn methu deall pam oedd cymaint o grafu ar groen y claf. Dywedais un frawddeg wrthi, "Gofyn iddo faint mae'n yfed". Mae Dolur Hodgkin yn achosi cosi ar groen, ond ddim yn ddrwg. Roedd y dyn hwn yn crafu ei groen gymaint fel bod marciau dwfn drosto. Pam? Roedd yn yfed alcohol yn ormodol, ac mae hwnnw fel petrol ar dân yn gwneud y cosi gymaint gwaeth. Gwelais ei bod wedi deall fy awgrym. Pasiodd!

Rai misoedd yn ôl fe fues i yng Nghanolfan y Mileniwm yn y Bae a mynd i gael cwpaned o de. Pwy oedd yno ond y ferch uchod gyda'i gŵr a'i mab. Fe es i ysgwyd llaw a gofyn a oedd hi'n fy adnabod? Edrychodd yn syn, ac ar ôl rhyw hanner munud, dywedodd "Josh". Yna, wedi iddi fy nghyflwyno i'w gŵr a'i mab, a minnau wedi anghofio'n llwyr am yr arholiad, fe ailadroddodd hi'r stori.

Roedd delio â phobol ddifrifol wael yn anodd iawn. Penderfynais ar y dechrau mai'r ffordd orau a rhwyddaf o ddelio â pherson ar ei wely angau oedd cadw i ddweud wrtho ei fod yn mynd i wella. Rhaid cynnal gobaith.

Yr achos cyntaf sy'n dod i'r cof yw achos dyn 42 oed a ddaeth i mewn i Ward William Diamond tua mis Ebrill. Yr unig beth

oedd yn amlwg pan ddaeth trwy'r drws oedd ei fod yn llwyd.
Wedi holi ac ymchwilio, roedd yn amlwg fod problem gyda'r
gwaed. Roedd yn cleisio'n rhwydd a'r boten ludw llawer mwy
nag y dylai fod. Fe es i ymlaen â'r profion a thrannoeth cefais
wybod bod lewcemia arno.

Bryd hynny doedd dim triniaeth i'r salwch, a phe byddwn
wedi dweud hynny wrtho, byddai cystal â llofnodi ei dystysgrif
marwolaeth. Roedd y claf yn ddyn galluog ac yn berchen garej.
Roedd yn briod gyda dau fab, deg a deuddeg oed. Tueddwn i
osgoi siarad ag ef, ond nid oedd yn dwp. Pan es i heibio i'w wely,
gofynnodd a allai gael gair â fi. Doeddwn i ddim wedi paratoi fy
hun ar gyfer hyn, a dywedais y byddwn i'n dod 'nôl ymhen awr.
Tynnais y sgrin o gwmpas y gwely, wedi rhag-weld beth oedd i
ddod, ac eisteddais ar ei bwys.

Gofynnodd beth oedd yn bod arno a'i fod eisiau gwybod a
oedd yn ddifrifol wael. Roedd ganddo bartner oedd yn gweithio
gydag ef yn y garej. Os nad oedd gwella, hoffai ofyn i'w bartner
edrych ar ôl y busnes hyd nes deuai'r meibion yn ddigon hen,
os bydden nhw eisiau gwneud yr un gwaith. Gofynnodd, os nad
oedd gwella arno felly, faint o amser oedd gydag e ar ôl i fyw. Gan
ei fod mor bwyllog, ac yn ddiemosiwn, dywedais y cyfan wrtho a
dweud fod ganddo ddeufis i fyw. Ysgydwais law ag ef. Aeth allan
yr un prynhawn i weld ei gyfreithiwr i wneud y trefniadau, ac i
baratoi ei hun i gyfarfod â'i Greawdwr.

Yr ail achos a gofiaf yn dda yw gof o ardal wledig yng ngogledd
Sir Benfro. Roedd Registrar o'r Uned lle roeddwn i wedi
gweithio wedi mynd i Ysbyty Hwlffordd am bythefnos tra bu'r
Arbenigwr ar ei wyliau. Roedd y claf, dyn hanner cant oed, wedi
bod yn yr ysbyty yn Hwlffordd am fis cyfan, yn dioddef o ddolur
rhydd, heb unrhyw argoel o wella. Gofynnodd y Registrar a allai
ddod â'r claf 'nôl i'r Uned Feddygol i gael barn y cewri, ac felly
y bu. Rhoddwyd ef yn y gwely nesaf at y tŷ bach, gan ei fod yn
gorfod teithio yno wyth neu ddeg gwaith y dydd. Fe fues i'n ei

holi a'i archwilio heb gael fawr ddim o'i le, ond roedd yn amlwg ei fod wedi colli pwysau mawr.

Fe wnaed yr holl brofion, ond dim diagnosis. Cafodd foddion o bob math, ond doedd e ddim yn gwella. Roedd yr Athro a'r arbenigwyr eraill yn ei weld bob dydd, heb gael ateb. Roedd pob un ohonon ni'n siomedig iawn.

Wedi bod gyda ni am fis, a'r dolur rhydd ddim tamaid gwell, gwelais fod hylif ar yr ysgyfaint de. Beth oedd yr achos? A oedd y ddeubeth yn arwain at yr un diagnosis? Mae rheol mewn meddygaeth mai un salwch sy'n gyfrifol am yr holl symptomau cysylltiedig. Fe wnaed prawf a darganfod fod TB wedi lledu drwy ei gorff. Roedd wedi bod yn yr ysbyty am amser hir, a gwelwn newid yn ei bersonoliaeth. Yn wir roedd yn ymosodol ar brydiau ac yn beryglus i bawb – nyrsys, cleifion a meddygon. Yn sydyn aeth yn wallgof, a bu'n rhaid ei anfon i'r Ysbyty Seiciatrig yn yr Eglwys Newydd lle bu farw o fewn pythefnos. Canlyniad y *post mortem* oedd 'TB wedi lledu drwy'r corff'.

Fe wnaeth y digwyddiad i mi lyfu'r llwch, yn ostyngedig. Roeddwn wedi meddwl am bopeth, ac roeddwn wedi gwneud cymaint ag y gallwn i'r cyfaill o orllewin Cymru. Rwy'n sylweddoli nawr y dylwn i fod wedi gofyn iddo a oedd ganddo dyddyn bach yn ogystal â'r efail ac a oedd yn cadw gwartheg, ac a oedden nhw'n ardystiedig yn erbyn TB? Dysgodd achos y gof i fi mor anodd y gall meddygaeth fod, a'm dysgu i fod yn ostyngedig a sylweddoli na all neb wybod popeth, na gwneud diagnosis iawn bob tro. Ond po amlaf y mae'r meddygon yn iawn, gorau oll yw hi i fywyd y claf a chydwybod y meddyg yn gyffredinol.

Doedd dim triniaeth ar gael i TB ar y perfedd bryd hynny, a byddai'r gof wedi marw beth bynnag, ond, nid dyna'r pwynt; roedden ni wedi methu gwneud diagnosis cywir hyd ei ddyddiau olaf, a doedd hynny ddim yn feddygaeth dda.

DIANC AM FY MYWYD

FIS CYN IMI ORFFEN yn Ysbyty Cyffredinol Caerdydd daeth llythyr oddi wrth Dr Eirian Williams, un o arbenigwyr gorau Cymru, o Hwlffordd. Roedd ef a'r Athro Scarborough wedi bod ym Mhortmeirion mewn cyfarfod meddygol dros y penwythnos, ac roedd Eirian wedi sôn bod eisiau Registrar arno. A chwarae teg i'r Athro, roedd wedi rhoddi fy enw iddo. Registrar yn 23 oed? Byddai codiad diogel yn fy nghyflog ac fe fues i'n meddwl a meddwl am y peth.

Roedd Hwlffordd yng nghanol Sir Benfro, ac ugeiniau o ffermydd enwog yn y sir. Yr adeg honno bu salwch yr erthylu mewn gwartheg yn gyffredinol gan effeithio ar y ffermwyr eu hunain hefyd a llawer un yn go wael. Gwelodd Eirian gynifer ohonyn nhw nes iddo ddod yn enwog ledled y byd am ei wybodaeth arbenigol ar y salwch. Mae gennyf yn fy llyfrgell lyfr sy'n glasur meddygol, sef *The Oxford Textbook of Medicine* a'r Dr Eirian Williams yw awdur y bennod ynddo ar *brucellosis*. Mater o falchder mawr i mi yw bod fy mrawd Elwyn hefyd wedi ysgrifennu pennod yn y llyfr hwnnw ar bwnc y mae e'n awdurdod byd-eang arno, sef yr afu. Da gweld dau Gymro yn cyfrannu i un o glasuron byd meddygaeth.

Gwelais hysbysiad yn y *British Medical Journal* fod eisiau meddyg yn Ysbyty Dewi Sant, Caerdydd, i weithio dan dri o feddygon gorau'r brifddinas, y Doctoriaid Byron Evans, Leonard Howells ac Idris Jones. Byddai Meddyg Tŷ gyda fi i wneud llawer o'r gwaith. Y broblem oedd dewis rhwng y ddwy swydd. Penderfynais geisio am y swydd yng Nghaerdydd ac fe'i cefais. Roedd Ysbyty Dewi Sant rhyw ergyd carreg o Barc yr Arfau ac felly o fewn sŵn y dorf ar y dyddiau mawr. Gallwn weld Morgannwg yn chwarae

criced yn eu blwyddyn fawr pan enillon nhw'r Bencampwriaeth
yn 1957, a Wilfred Wooller wrth y llyw.

Fe es i o gwmpas y bore cyntaf, ac fe gefais i ddechreuad da.
Roedd dwy hen ferch, dros eu 80 oed, ar y ward, dipyn yn drwm
eu clyw ac wedi cael eu rhoi nesaf at ei gilydd yn gwmni gan y
Sister. Yn wir, roedden nhw wedi bod yno mor hir, roedden
nhw bron yn rhedeg y lle. Fe es i siarad â nhw wrth fynd heibio,
ac wrth i fi symud ymlaen ar fy nhaith, clywais un yn dweud wrth
y llall, "Gall hwnna roi ei slipers tan fy ngwely i unrhyw bryd!"
Dyna fi wedi pasio fy arholiad cyntaf ac nid oedd eisiau gofidio a
oeddwn yn gymeradwy gan y cleifion ar y ward honno!

Fore trannoeth daeth llythyr oddi wrth Anti Annie, yn dweud
y byddai fy annwyl Wncwl Evan yn rhoi £500 imi brynu car
i fi fy hunan. Roeddwn wedi cynilo £180 o'r £225 a gefais
am weithio'r flwyddyn cynt, a gan fod Morris 1000 newydd,
dau ddrws, bryd hynny yn £700, rhaid oedd meddwl drosto.
Roedd Wncwl Evan yn Gristion o ddyn. Cafwyd y Morris 1000
o garej Dai Côl, Llandysul. Pan es i lawr ar y trên a dala'r bws
o Gaerfyrddin rwy'n cofio'n iawn gweld y car newydd sbon tu
allan i'r garej, a'r rhif oedd GEJ 533. Wedi talu, ffwrdd â fi i weld
fy Wncwl a'r ddwy Anti yng Nghroes-lan. Rhaid canu'r corn yn
Glasfryn, a daeth y tri allan i weld y car newydd. Diwrnod mawr
yw diwrnod gyrru'ch car cyntaf. Fe aethon ni i Geinewydd a
dathlu drwy fynd lawr i'r traeth a chael cornet o hufen iâ'r un!

Nos Sul, rhaid oedd teithio 'nôl i'r brifddinas. Tu allan i'r
ysbyty, rhyw bum llath o ddrws y ffrynt, roedd cornelyn bach
rhyw ddeg troedfedd o led, ac yno y bu'r cerbyd bach, haf a gaeaf.
Rwy'n cofio'n dda amser rhew, a dim arian i brynu gwrthrewydd
(antifreeze) a minnau'n defnyddio gwirod methyledig, yn rhad
o'r fferyllfa, cystal ag unrhyw beth i rwystro rhewi. Dyma maen
nhw'n ei ddefnyddio heddiw i rwystro'r dŵr sy'n golchi'r sgrin
wynt rhag rhewi.

Yn Ysbyty Dewi Sant y cefais brofiad sy'n achosi hunllefau i fi o hyd, gan iddo gael cymaint o effaith arna i. Roedd hi'n fore Sadwrn, ym mis Mai, ac roeddwn i'n gweithio gyda fy Meddyg Tŷ, merch o Lanelli. Roedd dyn tua 50 oed wedi dod i mewn a'r drefn oedd i'r Meddyg Tŷ ei weld yn gyntaf, ac os oedd problem, fy ngalw i. Dechreuodd y ferch gymryd yr hanes ond aeth y dyn yn gas iawn a dweud wrthi nad oedd eisiau'r holl holi – dim ond rhoi triniaeth iddo ac fe fyddai'n mynd adre.

Doedd y ferch ddim wedi gweld neb cas fel hyn o'r blaen a galwodd amdana i. Fe ddywedais wrthi am fynd i gael coffi, ac y byddwn i'n cael sgwrs â hi maes o law. Fe wnes i siarad yn ffurfiol iawn â'r dyn a dweud wrtho os oedd e eisiau mynd adre nawr, fod croeso iddo wneud hynny. Dywedais nad oedd rhaid i mi ei dderbyn ar gyfer ei drin. Gwellodd ei agwedd, ond rhybuddiais Sister y ward, os byddai'n dangos unrhyw arwydd o fod yn gas eto y byddai allan trwy'r drws.

Dywedodd ei fod wedi llithro wrth fynd dros ben clawdd, a'r wifren bigog wedi achosi clwyfau ar ei goes dde, y dydd Mawrth cynt. Doedd dim byd arall yn arwyddocaol yn ei stori, ond roedd y cyfeiriad a roddodd i ni yn un celwyddog. Roeddwn yn amheus iawn o'r cyfan ond fe es i ymlaen i'w archwilio. Tynnais y llenni o amgylch y gwely ac fe dynnodd y trowsus pyjamas i ffwrdd yr oedd wedi cael eu benthyg gan y Sister. Gwelais y tri chlwyf, ac roedd crawn yn dod o bob un, ac roedd y chwarennau lymff wedi chwyddo. Roedd menig rwber am fy nwylo wrth archwilio'r mannau hyn. Roedd ei wres yn uchel, yn 102 F, a rhaid cyfaddef ei fod yn sâl. Ond, roedd un peth yn rhyfedd yn fy marn i, sef bod y tri chlwyf yn union ar ben y wythïen hir sy'n mynd o'r droed i'r afl. Roedd hyn oll yn ormod o gyd-ddigwyddiad, ac roeddwn i'n amau ei fod wedi niweidio'i hunan yn fwriadol, efallai â chyllell.

Cymerais waed oddi wrtho, ond doedd yr haint ddim wedi cyrraedd y gwaed, hynny yw, *septisemia*. Y driniaeth oedd penisilin, trwy bigiad, bedair gwaith y dydd. Fe es i 'nôl i'w weld fore Sul, ac roedd yn ddidrafferth. Fore Llun, wrth fwyta brecwast a gwrando ar y radio, clywais y newyddion fod troseddwr treisiol rywle yng Nghaerdydd a'r heddlu eisiau ei ddal. Rhoddwyd disgrifiad o'r dyn, ac, yn wir roedd y disgrifiad yn cyfateb i'r dyn oedd yn y ward. Roeddwn i'n argyhoeddedig mai fe oedd e, a'i fod wedi niweidio'i hun er mwyn cael lle diogel mewn gwely yn yr ysbyty, lle na fyddai'r plismyn yn debygol o chwilio amdano.

Rhyw greadur garw ydoedd. Pan ddaeth i mewn roedd strapen ledr am ei ganol tua phedair modfedd o led a bwcwl fel tarian fawr. Roeddwn yn barod amdano, ond y camgymeriad a wnes i oedd peidio gofyn i'r heddlu fod yno pan fyddwn yn ei gyhuddo. Fe es i ato ar fy mhen fy hun heb dynnu'r llenni gan ddweud wrth Sister am gadw llygad o'i swyddfa, a ffonio'r heddlu os byddai trwbwl. Deallodd y dyn fy mod yn deall ei sefyllfa a pham y gwnaeth y clwyfau.

Newidiodd ei wyneb, gwelwn grychau ar ei dalcen, ac o fewn eiliadau taflodd y blancedi 'nôl a neidio allan o'r gwely. Cydiodd yn y gwregys oedd ar y cwpwrdd bach wrth ochr y gwely a gwelwn ei fod yn paratoi i ymosod arna i. Diolch byth roedd e'n dal yn ei byjamas benthyg a dim byd am ei draed – dim ond un peth fedrwn i wneud – rhedeg.

Roeddwn i yn Ward 23 ar y llawr uchaf ac fe redais allan drwy'r drws, ac yn lle mynd ymlaen i Ward 20 lle roedd y menywod rhedais i'r chwith lle roedd drws y ddihangfa dân.

Doedd dim amser i edrych 'nôl ond roedd yn amlwg oddi wrth y gweiddi ei fod ar fy ôl. Wedi rhedeg lawr y ddihangfa dân i'r llawr rhedais draw i gyfeiriad yr Adran Obstetreg, yna troi i'r chwith i fynd i ran flaen yr ysbyty. Erbyn hyn gallwn glywed seiren car heddlu yn dod yn gyflym o ganol y ddinas. Roedd y Sister wedi ffonio 999. Ger heol fawr Cowbridge Road daliodd yr heddlu ef a'i roi mewn gefynnau. Ei eiriau olaf i mi oedd, *"I'll get you for this!"*, ond mae hanner can mlynedd wedi mynd heibio erbyn hyn heb i ddim niwed ddigwydd i mi. Cafodd fynd i'r ddalfa ac i garchar, ac rydw i'n diolch i'r nefoedd fod fy nghoesau'n gryfach ac ystwythach bryd hynny nag ydyn nhw heddiw.

SGLODION A MAT COCO

RHYW FIS CYN IMI adael Ysbyty Dewi Sant, clywodd Dr Percy Bray, arbenigwr gorau Caerdydd mewn Pediatreg, fy mod yn golygu cael profiad o weithio gyda phlant. Daeth i'r ysbyty i'm gweld, a dywedodd yr hoffai imi dreulio blwyddyn yn Ysbyty Dwyrain Morgannwg. Y peth nesaf oedd gweld y lle a chyfarfod â'r Arbenigwr yno, sef Dr Bill Davies.

Fe wnes i apwyntiad dros y ffôn, a mynd i'r ysbyty, tua wyth milltir i'r gogledd o Gaerdydd, i gyfarfod â Bill a gweld y sefyllfa. Roedd yn groesawgar iawn. Roedd yr ysbyty yn hyfryd, tua 60 o blant i edrych ar eu hôl, gyda phob salwch yn y byd a'r cleifion yn dod o'r cymoedd, y Rhondda Fawr a'r Rhondda Fach yn cynnwys tref Pontypridd. Ardal o tua 200,000 o boblogaeth, ac adran cleifion allanol yn Ysbyty Llwynypia yn ogystal â'r ysbyty mawr.

Wedi tua hanner awr, dywedodd fod y swydd imi os oeddwn i ei heisiau, ond byddai'n rhaid esgus mynd trwy gyfweliad, ac mai pwyllgor yr ysbyty oedd yn gwneud y dewis yn swyddogol. Ond byddai ef yn gwneud yn siŵr mai fi y bydden nhw'n ei apwyntio! Gofynnais sut oedd e'n gwneud hyn, a dywedodd mai dau ymgeisydd y byddai e'n eu cymeradwyo, y gorau a'r gwaethaf, ac y byddai e yno i wneud yn siŵr bod y pwyllgor yn gwneud y dewis cywir.

Dywedodd ei fod yn gofalu mynd i'r cyfweliad ar ôl profiad a gafodd yn y gorffennol, pan ddewisodd y pwyllgor yr ymgeisydd gwaethaf. Y gwir oedd bod dau yn y cyfweliad bryd hynny, y gorau â gradd MD, hynny yw, uwch radd mewn meddygaeth, a'r llall, y radd isaf bosibl, sef LMSSA *(Licentiate of the Medical and*

Surgical Society of Apothecaries) gradd nad yw'n bodoli erbyn hyn. A pham y cafodd yr ymgeisydd gwaethaf y swydd? Oherwydd bod mwy o lythrennau yn LMSSA na MD!! Wedi hynny gwnaeth Bill yn siŵr na fydden nhw'n gwneud yr un camgymeriad eilwaith. Dywedodd ei fod yn ofalus, serch hynny, i wneud i'r pwyllgor deimlo mai nhw oedd yn gwneud y dewis!

Cofiaf yn dda ffrind imi yn ardal Bwlch-y-groes, athro, yn ymgeisydd am swydd prifathro mewn ysgol gynradd yn ne'r Sir. Roedd yn adnabod cynifer ac yn disgwyl llwyddo. Roedd hysbysiad yn y *Western Mail* y byddai canfasio (sef mynd o gwmpas i siarad â'r cynghorwyr) gan unrhyw ymgeisydd yn ei anghymwyso ac felly aeth y ffrind dan sylw ddim i weld yr un cynghorydd. Ar ôl iddo fethu cael y swydd aeth i ymweld â dau neu dri Cynghorydd Sir oedd ar y pwyllgor penodi, a'r ateb a gafodd oedd – "Ddaethoch chi ddim i 'ngweld i"!

Fe ddechreuais yn yr ysbyty ar y cyntaf o Awst 1958, a dyna un o flynyddoedd hapusaf fy mywyd. Roedd llawer o resymau am hyn a'r pennaf efallai yw bod plant mor naturiol. Mae oedolion yn actorion sy'n rhoi gwên ffug yn aml, ond efallai gwell hynny na dim gwên o gwbl! Yn ail, pobol yr ardal, y nyrsys, y meddygon, rhieni'r plant, y cogyddion yn yr ysbyty ac yn y blaen. Dyma'r tro cyntaf i'r gweithwyr fy ngalw yn 'Syr'. Roedd pawb yn fy adnabod yng Nghaerdydd, er pan oeddwn yn fyfyriwr, ond doedd neb yma yn fy adnabod a chododd fy statws dros nos – er yr un oedd y Morris 1000, GEJ 533, tu allan i ddrws yr ysbyty!

Y cyngor cyntaf imi ei gael oedd mai'r peth pwysicaf yn y dechrau gyda'r plant oedd dod i wybod pa rai oedd yn wael ac efallai yn ddifrifol wael. Gallai munudau fod yn bwysig i achub bywyd mewn achos fel llid yr ymennydd.

Y diwrnod cyntaf imi ddechrau gweithio yno daeth Bill â merch chwech oed i mewn i'r ward a oedd wedi bod yn sâl adref am wythnos. Roedd yn ferch i'r Sister oedd yno cyn iddi ymddeol i gael plant, ac felly yn VIP. Llid y stumog a'r perfedd

oedd arni. Roedd ei chorff mor sych fel y bu'n rhaid ei bwydo
â drip. Doeddwn i erioed wedi rhoi drip ar blentyn o'r blaen.
Roedd hi mor wael, bu'n rhaid torri trwy'r croen dros y bigwrn,
yna i'r wythïen i roi'r bibell fach yn ei lle. Roedd Bill wedi ceisio
fy nghysuro drwy ddweud cyn i fi ddechrau, "Fe ddoi di i ben
â'i neud e!" Doedd e ddim eisiau gwneud y gwaith am ei fod yn
adnabod y fam mor dda ac, mewn gwirionedd, heb wneud y peth
ei hunan ers blynyddoedd! Bu'r driniaeth yn llwyddiant, ac aeth
y ferch fach adref ymhen wythnos gyda'r un drip wedi gweithio
am bum diwrnod hyd nes y gallai lyncu dŵr a'i gadw lawr yn y
cylla. Wedi llwyddo gydag un, daeth hyder, ac fe wnes i ugeiniau
yn ystod yr amser y bues i yno.

Wrth i'r flwyddyn fynd yn ei blaen roeddwn i'n teimlo fod
mwy o blant yn dioddef o ddiffyg gwaed nag a ddylai fod, ac yn
dod i'r Adran Allanol ac i'r wardiau. Fe fues i'n poeni am hyn
am wythnosau, ond doeddwn i ddim am ofyn i Bill beth oedd
y rheswm dros y peth. Daeth dydd pan oedd yn rhaid i fi ofyn
iddo fe am fod bachgen naw oed a'i waed 50 y cant o dan yr hyn
ddylai fod. Roeddwn wedi ceisio edrych i mewn i bob rheswm
posibl – a oedd yn colli gwaed trwy'r perfedd? Fe wnes i brofion
ond doedd dim o'i le. Roedd ei ddŵr yn iawn ac felly roedd
ei arennau'n iach. Rhaid oedd ildio a gofyn i Bill a chyfaddef
fy nhwpdra fel meddyg ifanc! Dywedodd wrtha i am ofyn iddo
ble roedd e'n byw. Roeddwn i'n methu'n lân â deall sut roedd
gwybod ble roedd e'n byw yn mynd i roi'r ateb i'r diffyg ar y
gwaed.

Gofynnais i'r plentyn ble roedd e'n byw a'i ateb oedd,
"Taff Street, Pontypridd". Doedd hyn yn golygu dim i fi ond
gofynnodd Bill iddo, "Pa mor agos mae'r siop sglodion?" "Deg
drws tŷ," meddai'r crwt. Doeddwn i ddim gam yn agosach at
ddeall y peth! Cwestiwn nesaf Bill oedd, "Pa mor aml fyddi di'n
mynd i nôl sglodion?" Ac meddai'r crwt, "Bob amser cinio".
Meddai Bill, "Dyna'r ateb, ei fam yn rhoi arian iddo gael

sglodion, ac felly mae'r crwt yn byw heb gig na llysiau a does dim haearn yn ei fwyd. *Chipanaemia* sy arno fe!" meddai Bill wedyn – gair a fathwyd yn Ysbyty Dwyrain Morgannwg, na chlywais mohno na chynt nac wedi hynny, ond disgrifiad gwych. Oedd, roedd tlodi yn yr ardal a'r sglodion yn gymharol rad, neu'r fam ddim yn ffwdanu gweithio cinio o gig coch neu afu i'r plant. Bythgofiadwy! Rhoddais foddion a haearn ynddo i'r bachgen, a daeth 'nôl ymhen tri mis a'i waed yn gant y cant. Beth gafodd y fam? Pregeth ar sut oedd coginio i'r plant!

Mae dyddiau mawr ymhob swydd, ac fe welais achos yn Ysbyty Dwyrain Morgannwg na welais ei debyg. Roeddwn yn gweld cleifion newydd yn Adran Allanol yr ysbyty bob wythnos ac un diwrnod daeth gwraig a'i merch saith oed i ymgynghori. Roedd gan y fam lythyr oddi wrth y meddyg teulu yn dweud bod y ferch fach yn colli pwysau, a ddim yn bwyta fel y dylai ac weithiau byddai ganddi boen yn y bola, ger y cylla. Pe byddai'r ferch fach wedi bod yn hŷn fe fyddwn wedi meddwl mai wlser ar y cylla neu gancr oedd arni, ond roedd yn rhy ifanc i gael y doluriau hyn. Roedd dwy chwaer a brawd ganddi ond doedd neb arall yn y teulu â'r un symptomau.

Roedd yn rhaid archwilio, y ferch ar y cowtsh, a'r fam yn cydio yn ei llaw. Edrychais ar y llygaid, ac roedden nhw dipyn yn llwyd, felly digon tebyg bod anemia. Roedd y geg yn iach ac felly'r galon a'r ysgyfaint. Archwiliais y bola, ac wrth edrych o bob cyfeiriad doedd dim lwmp i'w weld. Wrth i mi fynd â'r llaw dde yn araf a thyner dros waelod y bola roedd popeth yn iawn. Yna lan i'r hanner uchaf, lle roeddwn yn disgwyl drwg, ac yn sydyn teimlais rywbeth wrth i'r llaw bwyso dros y cylla. Yn araf ac amyneddgar, teimlodd bysedd fy llaw lwmp, tua thair modfedd o led, naill ai yn y cylla neu'n agos ato. Wel, wel, beth yw hwn meddwn i wrthyf fy hun. Doeddwn i ddim wedi clywed am gancr yn yr oed yma nac yn y rhan yma o'r bol. Doedd dim chwarennau wedi chwyddo yn unman, ac roeddwn i'n bendant nad y boten ludw ydoedd, sydd yn fwy o faint nag arfer gyda lewcemia.

Dywedais wrth y fam, a galwais ar Bill, oedd mewn ystafell arall. Daeth i weld y ferch, a chytuno â phopeth. Penderfynwyd dod â hi i mewn i'r ward i aros yn hytrach na'i hanfon adref. Roedd hyn yn dipyn o sioc i'r fam.

Beth oedd i'w wneud? Fe benderfynon ni drannoeth i roi ychydig o *barium* iddi yfed, a chael lluniau pelydr-X. Dangosodd y lluniau fod pelen tua thair modfedd yn y cylla, ond wydden ni ddim beth oedd yno. Roedd yn amhosibl iddi fod wedi llyncu rhywbeth o'r maint hwn, a galwyd y llawfeddyg, Mr Melbourne Thomas, i'r ward. Wedi ymgynghori ac archwilio, daeth â'i ateb arferol, "Mae'n rhaid bod rhyw ddrwg mawr fan hyn".

Drannoeth fe awd â'r ferch i'r theatr lawfeddygol, ac wedi agor y bol, yna'r cylla, gwelwyd pelen flewog, tua thair modfedd o led, tebyg i ddraenog bach, a daeth allan hcb ci fod yn sownd wrth ddim. Gwelais y driniaeth lawfeddygol, ond doedd dim un ohonon ni'n gwybod beth oedd y belen flewog. Cafodd archwiliad o'r belen ei wneud yn y Labordy Patholeg, a darganfuwyd mai darnau o ffeibr coco ydoedd. Yn wir, doedd y belen yn ddim ond cannoedd o ffeibr coco ynghlwm wrth ei gilydd. Caewyd y cylla a'r bol, a gwellodd y ferch yn ddidrafferth.

Daeth y fam i mewn i'r ward yn yr hwyr, a gofynnais iddi a oedd mat ffeibr coco gyda nhw adre. Dywedodd fod mat ffeibr coco ar bwys drws y ffrynt, a bod y ferch yn treulio llawer o amser yno. Doedd hi ddim wedi sylwi bod y plentyn bach yn tynnu blewyn neu ddau o'r mat bob dydd ac yn eu llyncu!

Aeth adref ymhen wythnos, ac fe daflodd y fam y mat i'r bin sbwriel. Fe ddaeth y ferch fach 'nôl i'r Adran Allanol ymhen mis, yn holliach ac roedd wedi dechrau ennill pwysau ac yn bwyta'n dda. Mae enw ar y belen – *besoar*. Diwrnod mawr i fi oedd gweld achos anarferol iawn fel hyn. Mae'n debyg bod rhai plant â gwallt hir yn rhoi eu gwallt yn eu ceg, a pheth o'r gwallt yn torri i ffwrdd ac yn mynd i'r cylla, lle mae'n crynhoi'n belen. Mae'r driniaeth yr un fath, sef agor y bol a'r cylla, a'i thynnu allan.

Tua hanner ffordd drwy'r flwyddyn fe ddes i i sylwi ar lawer o bethau heblaw doluriau corfforol y plant, a'r diddordeb mwyaf a ddaeth oedd gweld effaith aros mewn ysbyty ar feddwl y cleifion. Rwy'n cofio merch wyth oed yn dioddef o ddolur *Still*, sef crydcymalau gwynegol (*rheumatoid arthritis*). Fe fuodd hi yn y ward am dri mis yn cael ffisiotherapi. Ond, roedd yr effaith ar ei meddwl yn llawer gwaeth nag yr oedd neb yn ei feddwl bryd hynny. Y peth gwaethaf oedd ei bod yn cael ei hamddifadu o'i theulu. Roedd y teulu yn byw yn Gilfach Goch, tipyn o ffordd gyda'r bws, a byddent yn ymweld â hi unwaith yr wythnos. Creodd hyn ofid iddi, a gwelwn ei thristwch.

Wedi pythefnos, daeth anobaith. Doedd hi ddim yn bwyta cystal, a ddim yn cymysgu â'r plant eraill. Wedi mis gwelwyd bod yna ddatgysylltiad, a doedd hi ddim hyd yn oed yn cymryd llawer o ddiddordeb yn ei rhieni pan fydden nhw'n ymweld â hi. Weithiau, er ei bod yn dal i ddioddef o'r datgysylltu, gallwn feddwl ei bod wedi dod dros y tristwch, er ei bod yn edrych yn fwy tawel, ond roedd y tu fewn, mewn gwirionedd, yn waeth a'r effaith yn debygol o bara am amser hir, efallai am byth. Yn wir, teimlwn fod yr effaith seicolegol ar y plentyn yn llawer gwaeth na'r ychydig welliant a ddeilliai o'r driniaeth yn yr ysbyty am dri mis.

Hon oedd y claf a fu dan fy ngofal hiraf. Byddaf yn meddwl llawer am blant mewn ysbytai TB neu blant ac arnynt ddolur orthopedig ac, yn aros yn yr ysbyty am flwyddyn neu ddwy, ac wedi'u hamddifadu o'u teulu, sef y rhai maen nhw wedi ymglymu'n emosiynol â nhw – mam a thad gan amlaf. Mae'r effaith yn ddifrifol, yn wir, yn ddinistriol i bersonoliaeth y plentyn, a gwelir hyn wedi iddyn nhw gyrraedd eu llawn dwf, er enghraifft, iselder ysbryd, bod yn obsesiynol ac yn y blaen. Faint ohonoch chi sydd yn mynd 'nôl yr ail neu'r trydydd tro i wneud yn siŵr eich bod wedi cloi'r drws pan fyddwch chi'n mynd allan, neu gau'r ffenestri? Beth am ffobia megis ofn corryn? Mae hwnnw mor fach a diniwed, ond rhaid rhedeg o'r ystafell! Mae llawer o'r pethau hyn yn tarddu o brofiadau plentyndod.

Soniaf am un plentyn arall cyn i mi orffen fy mlwyddyn lle y dysgais gymaint, a chael pleser wrth wneud hynny. Crwt chwech oed yn dioddef o niwmonia. Fe fyddwn i'n gweld un neu ddau bob wythnos, ond, roedd hwn yn araf yn gwella, a rhaid oedd cael pelydr-X. Dangosodd y pelydr-X ei fod wedi anadlu un o'i ddannedd sugno, a oedd yn rhydd, lawr i'w ysgyfaint, a hynny pan oedd yn cysgu debyg iawn. Roedd y dant hwn yn cau neu'n tagu un o'r pibellau bach, a'r ysgyfaint yn methu gweithio heibio'r rhwystr. "Ni fydd hybarch rhy gynefin," meddai'r hen ddywediad. Roeddwn i wedi gweld llawer o'r salwch niwmonia, ond, rhaid oedd canolbwyntio a sylwi ar yr achos arbennig hwn am fod y bachgen yma yn hir yn gwella a rhaid oedd holi pam.

Gofynnais i'r enwog Mr Dillwyn Thomas, llawfeddyg ar yr ysgyfaint yn ysbyty enwog Sully, ddod i'w weld. Rhoddwyd y bachgen i gysgu, ac wedi llawer o drafferth fe gafodd y llawfeddyg y dant allan trwy'r bibell wynt a'r geg drwy ddefnyddio ei efel hir. "Hwrê!" meddai pawb pan welon ni'r dant. Dyn hyfryd oedd Mr Thomas ac fe wnaeth driniaeth lawfeddygol ar fy Ewythr Garfield o Benparc ger Aberteifi, oedd wedi bod mewn sanatoriwm am ddeng mlynedd yn dioddef o TB, a llwyddo i'w wella!

Daeth Ysbyty Dwyrain Morgannwg yn enwog yn 1963; dyma lle y bu'r epidemig olaf i gyd o'r Frech Wen ym Mhrydain Fawr. Mae'r Frech Wen yn dangos ei hun drwy smotiau dros y corff, yn aml yn dechrau ar yr wyneb, ac os nad ydych wedi cael brechiad yn ei erbyn mae'n angheuol. Daeth Mr Hodkinson, y prif gynecolegydd, i mewn i'r ysbyty un bore, cyn sylweddoli fod y salwch yn y lle, ac ymhen fawr o dro roedd e'n dweud wrth ei ffrindiau fod ei 'acne' wedi dod 'nôl ar ôl bron hanner can mlynedd. Roedd e wedi marw druan o'r frech wen cyn pen wythnos. Cyfyngwyd y nyrsys a'r meddygon i'r ysbyty am chwe wythnos, er mwyn bod yn siŵr nad oedden nhw'n dioddef o'r salwch na'i ledaenu i'w cartrefi a'r holl ardal. Cafodd pawb frechiad i geisio eu diogelu rhag yr haint wrth gwrs.

Defnyddiwyd hen ysbyty Pen-rhys, ar ben y mynydd ym mhen uchaf y cymoedd, i nyrsio'r cleifion, ond fe fuon nhw i gyd farw. Hen ffrind i mi, Dr Jimmy Thomas, oedd yn edrych ar eu hôl. Roedd e wedi bod yn feddyg yn India am flynyddoedd, ac wedi gweld llawer o'r salwch, ac wedi cael y frech sawl gwaith. Cafodd yr OBE am ei waith.

Roeddwn yn golygu gorffen y bennod yn y fan yna, ond hoffwn roi rhywbeth i chi feddwl amdano pan mae'r glonc wedi tewi, dim llyfr yn y llaw, y teledu a'i sgrin yn dywyll a chithau'n meddwl a yw'n werth rhoi blocyn arall o goed ar y tân, neu fynd i'r gwely. Rwy'n credu mai po dynnaf yw'r cwlwm rhwng rhieni a phlentyn – yna rhwyddaf i gyd fydd ei laesu pan ddaw'r dydd iddo adael y nyth a mynd allan i'r byd. Mae rhyw baradocs rhyfedd fan hyn. Diddorol fyddai i chi oll edrych yn fanwl ar aelodau o'ch teulu a gafodd amser caled pan oedden nhw'n blant. Er enghraifft, cyfnod hir mewn ysbyty, marwolaeth tad neu fam, rhieni yn gwahanu neu'n ysgaru ac yn y blaen. A oes gwahaniaeth rhyngddyn nhw a'r lleill? A oes ffobia ganddyn nhw? Ydyn nhw'n fwy nerfus a phryderus na'r arferol? A oes rhaid mynd adref yr un ffordd bob amser? A oes rhaid cyffwrdd â rhyw fur neu goeden bob tro wrth gerdded? A yw'r person wedi llwyddo i gyflawni yn ôl ei allu naturiol yn yr ysgol neu yn ei waith? Peidiwch â sylwi na sôn wrth bobol y tu allan i'ch teulu – mae'n ffordd hawdd o golli ffrindiau!

MEDDYG BABANOD

YM MIS AWST 1959 cefais fy mhenodi yn Feddyg Tŷ yn Ysbyty Glossop Terrace, ysbyty genedigaethau, yr ochr draw i'r hewl o'r Ysbyty Brenhinol, ac yn rhan ohono. Dyma gyfle i weithio i'r gŵr mwyaf pwysig mewn Obstetreg yng Nghymru, sef yr Athro Archie Duncan, Albanwr. Mae hanes y lle yn werth ei adrodd. Yn ystod yr Ail Ryfel Byd daeth y lle yn is-orsaf i'r Frigâd Dân, a diolch am hynny. Pan ddisgynnodd bomiau ar yr Ysbyty Brenhinol, ar y noson waethaf a gafodd Caerdydd, sef y 3ydd o Fawrth, 1941, roedden nhw yno o fewn munud i ddiffodd y tân a chynorthwyo gyda'r gwaith. Chwythwyd y ffenestr fawr yn y Theatr allan pan oedd un o'r llawfeddygon ar ganol ei waith a diffoddodd y golau am oriau. Gorffennwyd y driniaeth gyda Sister yn dal tortsh dros ysgwydd y llawfeddyg. Drannoeth, symudwyd y cleifion i gyd i ysbytai yn yr Eglwys Newydd, Merthyr ac Aberpennar.

Dysgais yn fuan iawn sut oedd defnyddio gefel i gynorthwyo'r geni, a bant â fi. Roedd yn rhaid gwneud hyn unwaith neu ddwy bron bob dydd wedi hynny. Cofiaf y tro cyntaf yn dda, dim un broblem, ond roedd gan y baban ddau lygad tro a'i glustiau mas draw fel clustiau jwg! 'Gwyn y gwêl y frân ei chyw' ac meddai'r fam wrth weld ei chyntaf-anedig – "On'd yw e'n bert?" Cefais gerdyn Nadolig oddi wrthi am flynyddoedd a llun bob tro, a rhaid cyfaddef fod y plentyn wedi gwella ei olwg erbyn i'r gwallt dyfu a chuddio'r ddwy glust!

Y genedigaethau mwyaf anodd a ddeuai i'r ysbyty – a'r rhai rhwydd yn digwydd gartef o dan ofal y fydwraig. Ond, roedd gan yr Athro 'Glinig Cot Ffwr' ar gyfer uchel wragedd

Caerdydd, bargyfreithwragedd, meddygon, gwragedd meddygon ac yn y blaen. Roedd yn rhaid i fi sefyll wrth ei ochr ar yr adegau hyn, a dysgu'r ffordd i ddelio â'r crachach. Bu'n brofiad diddorol – dal y tywel yn barod iddo bob tro ar ôl iddo olchi ei ddwylo!

Mae hanes da, a gwir, am Feddyg Tŷ flwyddyn cyn imi fynd i'r lle. Cymro Cymraeg ydoedd, ac mae'n fyw heddiw. Roedd ei ystafell wely'n llawn o boteli gwin. Pam? Nid oedd yn yfed yn ormodol. Gyda phob genedigaeth anodd dan ei ofal lle'r oedd angen defnyddio gefel fe ddeuai anrheg o boteli gwin i mewn wrth y dwsin, ac iddo fe wrth gwrs! Ond, chwarae teg, oni bai am ei allu, mae'n debyg y byddai'r canlyniad mewn llawer achos yn wahanol ac efallai'n drasig.

Ar ddydd Calan 1960, daeth gwraig i mewn i'r ysbyty oedd wedi cael ei gweld yn y clinig-cyn-geni. Doedden nhw ddim yn siŵr a allai ddod â'r baban i'r byd yn naturiol, ynteu a fyddai'n rhaid cael cymorth, naill ai gefel neu grothdoriad Cesaraidd. Gwnaeth un o'r darlithwyr, Mr Howard John, gŵr o Gastell-nedd, a brawd i'r enwog Roy John a fu'n chwaraewr rygbi enwog dros Gymru yn y pumdegau, bob prawf posibl ar faint y pelfis a phen y baban, i farnu a allai'r baban ddod trwy'r twnnel, y daith fyrraf ond fwyaf peryglus mewn bywyd. Methodd benderfynu. Felly, rhaid oedd bod yn saff a dweud wrth y fam am gael y baban yn yr ysbyty. Roedd wedi dechrau esgor ar ôl i'r dŵr dorri ddwy awr ynghynt. Penderfynwyd y dylai dreio geni'r baban yn naturiol, a bu wrthi am ddeuddeg awr, drwy'r nos.

Gwelais i hi bob dwy awr, ond, nid oedd unrhyw symudiad a phen y baban ddim yn symud. Ffoniais y Registrar am chwech y bore, a dywedodd y deuai i mewn. Byddai'n rhaid wrth grothdoriad Cesaraidd, a fi fyddai'n gwneud y driniaeth. Rhaid oedd i mi baratoi'r Theatr a dweud wrth yr anesthetydd beth oedd y sefyllfa. Doeddwn i ddim wedi gwneud hyn o'r blaen, er fy mod i wedi cynorthwyo gyda degau. A minnau heb gael dim cwsg o gwbl yn ystod y nos, gofynnais iddo a oedd yn iawn i mi wneud y gwaith a minnau mor flinedig? *"Get on with it"* oedd ei ateb! Doedd dim dewis gyda fi.

Daeth yr awr! Yn fy ngwisg sterilaidd a'r menig rwber, â'r Registrar yn fy nghynorthwyo, gofynnais i'r anesthetydd a'r Sister a oedd yn iawn imi ddechrau – oedd, popeth yn barod. Wedi sterileiddio'r croen a'r gyllell yn fy llaw, ac ychydig yn nerfus, rhaid oedd torri drwy'r croen o'r bogel lawr yn syth i asgwrn y gedor; rhai gwythiennau bach yn gwaedu, ond hawdd oedd stopio'r rheini. Yna, trwy gyhyr y bol i'r groth. Dangosodd y Registrar y ddwy wythïen fawr oedd yn dod â gwaed i'r groth a'r baban, a dweud wrtha i am ofalu osgoi'r rheini wrth dorri i mewn i'r groth.

Daeth y baban allan yn rhwydd, rhoddais i e i'r Sister i'w ddal, ac yna torri'r llinyn bogail wedi rhoi dwy efel arno, a thorri rhyngddyn nhw i arbed colli gwaed. Cafwyd y brych allan o fewn eiliadau, ac yna cau pethau 'nôl yn y drefn iawn, y groth, yna'r cyhyrau ac, yn olaf, y croen, a'r cyfan wedi cymryd awr. Ddim yn ffôl am y tro cyntaf!

Roeddwn wedi blino, wrth gwrs, ar ôl gweithio am 24 awr, ond rhaid oedd cadw i fynd am naw awr arall, hyd bump y prynhawn. Ie, 33 awr i gyd, heb stop! Fe es i i weld y fam a'r baban bob awr yn ystod y dydd, a mynd am bump o'r gloch i'm gwely. Ffoniais y teleffonydd i'w rhybuddio am beidio â fy nihuno, ac yno y bûm hyd saith fore trannoeth. Wedi eillio a golchi, rhaid oedd mynd i weld y teulu bach cyn brecwast. Popeth yn iawn, a phleser oedd cael pryd da o fwyd cyn dechrau diwrnod arall. Doedd y fam ddim yn gwybod mai fy nghynnig cyntaf i oedd yr enedigaeth hyd nes y dywedais wrthi pan oedd yn paratoi i fynd adref i'r Barri. Ar ôl y tro cyntaf, fe wnes dair genedigaeth arall yn yr un modd cyn gadael fy swydd ar ddiwedd y mis – y cyfan yn dod yn rhwyddach bob tro.

Gyda'r gwaith obstetreg, cawn brofiad mewn gynecoleg, ac ni

allwn fod wedi cael gwell sylfaen i'm gwybodaeth am ddoluriau menywod.

Un o'r pethau hyfryd ym myd Obstetreg oedd mai dynes iach oedd yn dod i mewn i'r ysbyty, a dau, weithiau tri neu bedwar yn gadael. Ac os nad oeddech yn hoffi edrych ar gleifion gwael, roedd y math hwn o waith yn wych i arbenigo arno. Ond weithiau, yn anffodus, roedd y canlyniad yn llai hapus, gyda 2 y cant o fabanod â phroblemau corfforol a rhaid oedd cael ward ar gyfer y rheini. Yr Athro Peter Gray, pennaeth Adran Bediatreg Caerdydd, oedd yn gofalu am y ward honno. Roedd e'n gwybod fy mod yn gweithio gyda'r Athro Duncan, a chydiodd ynof yr wythnos gyntaf a gofyn imi edrych ar ôl babanod ei ward ef. Allwn i ddim dweud 'Na', a rhaid oedd ufuddhau. Ceffyl ufudd sy'n gwneud fwyaf o waith bob amser!

Un noson, tua thri'r bore, er nad oeddwn ar alwad, daeth ffôn oddi wrth y brif Sister, Maggie Auld, a ddaeth yn ddiweddarach yn bennaeth bydwragedd yr Alban. Dywedodd fod baban yn ward yr Athro Gray wedi'i eni ag un ochr iddo'n ddiffrwyth, fel petai wedi cael strôc, ac yn wael difrifol. Doedd e ddim yn cadw dŵr na llaeth i lawr, ac roedd ei gorff yn sych. Fe es i i'w weld, a'm barn i oedd gadael iddo farw ac na fyddai hynny'n hir. Roedd Maggie am roi drip arno, a chafodd ei ffordd.

Daeth yr Athro i mewn drannoeth, yn cytuno â Maggie. Roedd e'n Gristion mawr. Wedi imi adael yr ysbyty, bu farw'r baban heb fynd adre. Gwelodd yr Athro Gray fi yn ysbyty Llandochau ddeng mlynedd wedyn, a gofynnodd a oeddwn yn cofio'r baban yn Glossop Terrace. Oeddwn wrth gwrs, ac meddai, "Chi oedd yn iawn, a finnau'n anghywir. Fe ddylen i fod wedi gadael y baban i farw'r noson y rhoddwyd y drip arno." Mae'n cymryd dyn mawr i ddweud hyn, ef yn Athro a minnau yn feddyg teulu erbyn hynny. Fe fuon ni'n ffrindiau mawr wedi hyn, hyd ei farw rhyw bedair blynedd yn ôl. Roedd yn un o'r goreuon yn y byd meddygol.

Er mai ysbyty genedigaethau oedd Glossop Terrace, rhaid oedd delio â phethau eraill oedd yn rhan o'r gwaith a hoffwn sôn am dri ohonyn nhw, y cyntaf yn un hynod iawn. Daeth dynes tua 60 oed, ei gwallt yn wyn, i ddrws ffrynt yr ysbyty tua deg o'r gloch y bore. Siaradodd â'r porthor yn gyntaf, a gofynnodd am gael gweld y meddyg. Fi oedd ar alwad, ac fe'm galwyd lawr i'w gweld. Roedd pethau'n dawel yn y ward, neb yn disgwyl sylw ar y pryd, a ffwrdd â mi. Cefais afael ar ystafell wag i ymgynghori; eisteddodd y wraig, a gwrandewais arni. Dywedodd ei bod yn disgwyl baban, yn wir, yn barod i esgor, a hoffai eni'r baban yno. Roedd yn ddibriod ac erioed wedi cael plant. Bûm yn archwilio, a'r unig beth y medrwn i ei ddarganfod oedd ei bod yn gwthio ei bol allan fel petai'n feichiog. Cofiais am ddarlith ar y pwnc gan yr Athro Duncan pan oeddwn yn fyfyriwr, ac fe wnes i drin y wraig fel y dysgodd ef imi bum mlynedd ynghynt, er na feddyliais bryd hynny y gwelwn y fath beth.

Fe es i i nôl y Sister, a dywedodd hi ei bod wedi gweld dau achos fel hyn o'r blaen. Yn wir, cedwid gwely ar y llawr hwn o'r ysbyty ar gyfer achosion o'r fath, neu broblemau brys. Rhoddwyd hi i orwedd, a'r bol yn dal i wthio allan, ac erbyn hyn dywedai ei bod yn cael gwewyr esgor, neu boenau geni. Ymhen dwy awr, roedd y poenau'n dod bob pum munud, a chyn hir dywedodd fod y baban ar ei ffordd. Fe wnes i esgus cynorthwyo'r esgoriad, ac yn fuan dywedodd fod y babi wedi dod. Ni fyddem wedi meddwl am y peth, ond dyma Sister yn dod â dol iddi, maint baban, a'i rhoi yn ei braich. Daeth gwên fawr ar ei hwyneb, a gadawyd iddi fwynhau'r munudau nesaf.

Cyn hir, dywedodd ei bod am fynd adref. Gadawodd y ddol ar y gwely, gwisgodd amdani, a gofynnais iddi a oedd yn iawn i fynd adref ei hunan. Dywedodd ei bod yn byw yn ardal y Rhath, rhyw filltir i ffwrdd, ac y cerddai'r daith. Pe na fyddwn wedi gweld y peth, ni fyddwn yn credu fod y fath beth yn gallu digwydd. Ie, ffug feichiogrwydd. Mae'r meddwl yn aml yn fwy rhyfedd na'r corff ac yn creu'r symptomau oherwydd yr awydd angerddol i gael baban. Nid anghofiaf y diwrnod tra bydda i byw.

Yr ail achos oedd merch o Aberhonddu, a ddaeth i mewn i lawr A heb fy mod yn gwybod. Roedd hyn yn od, a dywedodd yr Athro wrthyf am beidio â gofyn iddi ei hanes gan y byddai ef yn dweud yr hanes wrthyf yn nes ymlaen yn y dydd. Merch 18 oed oedd hi a'i thad hi oedd tad y baban, ie, llosgach (*incest*). Roedd meddygon yr ysbyty bach yn y dre lle roedd hi'n byw am ei symud gan fod pawb yn gwybod y stori yno, a'r hanes wedi bod yn y papur lleol. Roedd ei thad eisoes yn y carchar am ei drosedd. Druan â hi, roedd hi'n methu edrych arna i am ei bod hi'n amau fy mod yn ġwybod beth oedd wedi digwydd. Roedd yn anghysurus yng nghwmni'r mamau eraill, y gwŷr yn dod i ymweld â'u gwragedd, ond neb yn dod ati hi. Esgorodd ar faban ymhen dau ddiwrnod. Aeth adref drannoeth y geni ac aeth y baban i gartref Barnado.

Roedd y trydydd achos, yn fwy diflas byth. Roedd dyn o'r ardal yn cerdded i'w waith am saith y bore, heibio i ochr yr ysbyty ac fe welodd fod baban ar y llawr, yn farw, a'i ddillad glas amdano. Bachgen ydoedd, yn oer i gyd, ac yn amlwg wedi bod yno am rai oriau. Daeth y dyn i'r ysbyty i ddweud wrthon ni, a rhaid oedd darganfod o ble y daeth y baban. Aeth yr hanes trwy'r lle fel mellten, ac o fewn deng munud roedden ni'n gwybod mai o lawr C y daeth. Roedd un o'r mamau wedi cyflawni babanladdiad a thaflu'r baban allan drwy'r ffenestr. Daeth tristwch mawr dros bob man. Doeddwn i ddim wedi gweld dim byd tebyg erioed o'r blaen. Aethpwyd â'r fam i Ysbyty Seiciatrig yr Eglwys Newydd.

Rhywbeth syml a naturiol yw genedigaeth ond, i rai, mae'n ddigwyddiad syfrdanol ac erchyll. Gall problemau bywyd ddifetha'r cyfan, er enghraifft, anawsterau yn y berthynas â'r gŵr; tri neu bedwar o blant adref yn barod, ac iselder ysbryd wrth gwrs yn beth eithaf cyffredin wedi genedigaeth. Ond, pan mae problem yn digwydd, mae'n effeithio ar bawb, meddygon, nyrsys, yn ogystal â'r teulu.

Byddwch yn falch o wybod bod y fam dan sylw wedi gwella'n llwyr o'r iselder ymhen rhai wythnosau. Aeth adref yn iach o gorff a meddwl, ond rhaid oedd cadw golwg arni o dro i dro, a phenderfynwyd ei sterileiddio ar ôl tri mis. Roedd yn weithred angenrheidiol cyn dyddiau'r bilsen atal cenhedlu.

Yn yr ysbyty'r adeg honno, roedd gwraig oedd yn radiograffydd yn Ysbyty Cyffredinol Caerdydd pan oeddwn yn fyfyriwr ac wedi priodi un o Swyddogion Iechyd De Morgannwg – Cardi arall, yn byw ym Mhenarth. Roedd hi dan fy ngofal i a rhaid oedd cael clonc. Gofynnodd beth roeddwn yn mynd i'w wneud nesaf ar ôl gorffen fy swydd gyda'r Athro. Dywedais fy mod yn cymryd seibiant ac yn bwriadu mynd adref am dri mis o orffwys. Dywedodd hi fod practis da ym Mhenarth yn chwilio am feddyg i gynorthwyo'r ddau bartner oedd yno'n barod. Byddai un ohonyn nhw'n ymddeol cyn diwedd y flwyddyn ac wedi hynny, os byddent yn bles, cawn bartneriaeth. Meddyliais dros y peth, a chael gair gyda rhai o arbenigwyr Caerdydd oedd wedi treulio amser fel meddygon teulu cyn mynd 'nôl i'r ysbytai i arbenigo.

Un o'r rheiny oedd fy hen ffrind Byron, a hefyd Dr Goronwy Owen, anesthetydd yn Lerpwl, mab Mari Celyn Parc, Blaencelyn, ger Llangrannog. Rhywbeth dros amser, chwe mis tebyg iawn, fyddai'r profiad, ac erbyn hynny byddwn wedi cael profiad o nifer fawr o feysydd meddygol. Fe es i weld un o bartneriaid y practis ym Mhenarth nos trannoeth, a dywedodd y cawn ddechrau ar y cyntaf o Chwefror, 1960. Ac felly y bu.

MEDDYG TEULU

MAE'N ANODD CREDU, OND roeddwn wedi bod yn gweithio yng Nghaerdydd a'r cyffiniau am bron naw mlynedd, a heb fod ym Mhenarth. Gwelais gleifion yn yr ysbytai a ddeuai o Benarth, mae'n wir – pobol gyffredin a chymdeithasgar. Nid oedd y ffaith y byddwn i'n mynd i weithio yno wedi croesi fy meddwl erioed, ond, wedi cael swydd meddyg teulu yno, gofynnais i ffrindiau sut le oedd Penarth, a chefais gymysgedd o atebion, yn cynnwys "Rwyt ti'n mynd at y crachach"! Eraill yn sôn am y lle a dweud mor hyfryd oedd cerdded y Rhodfa Glan Môr gyda digon o gyfle i hwylio, chwarae golff, bowls, tennis, tennis bwrdd; yn wir, pob math o chwaraeon.

Ar fore'r cyntaf o Chwefror 1960 fe ddechreuais ar fy ngwaith fel meddyg teulu yn y Feddygfa yng nghanol Penarth, gyferbyn â'r llyfrgell – lle canolog i bawb – meddygon, fferyllwyr ac, wrth gwrs, y cleifion. Fe roddodd Dr Bassett, un o'r ddau bartner, a oedd yn enedigol o Bontarddulais, fap i fi yn dangos y strydoedd. Cefais rifau tai i ymweld â chleifion, pad o bresgripsiynau yn fy llaw, a bant â fi.

Yr alwad gyntaf a wnes i oedd gyda Thelma Williams, athrawes oedd yn byw yn Grove Terrace. Roedd hi'n methu siarad oherwydd gwddf tost. Roedd gwres uchel arni ac felly roedd hi wedi aros yn ei gwely. Dywedais wrthi mai hi oedd fy nghlaf cyntaf fel meddyg teulu, ac nid anghofiodd. Cefais gerdyn oddi wrthi'r diwrnod roeddwn i'n ymddeol, 34 mlynedd yn ddiweddarach, yn dymuno'n dda i fi! Merch hyfryd.

Doedd gwaith meddyg teulu ddim yn anodd – yr unig broblem oedd bod nifer fawr o gleifion a bod yn rhaid gweithio'r nos ac felly roedd yr oriau gwaith yn hir. Ond, roedd yn bwysig bod yn drwyadl a pheidio â rhoi rhagnodyn (*prescription*) i'r claf heb ei archwilio'n fanwl, pa faint mor amlwg oedd y diagnosis, rhag ofn y cawn enw drwg. Bu Dr Byron Evans, yr hen ffrind, ar y ffôn cyn imi adael yr ysbyty, a dywedodd mai'r lwc fwyaf fyddai'n bosibl i mi ei gael fyddai llwyddo (ar ôl ymchwiliad trylwyr!) i ddatrys achos claf nad oedd neb arall wedi gwneud y diagnosis iawn ohono. Os byddwn i'n llwyddo i wneud hyn byddwn yn cael enw da yn y dref a byddai'r hanes amdana i'n ymledu fel tân gwyllt. Wel, fe lwyddais i i ddarganfod yr ateb i nid un, ond dau salwch yr oedd eraill wedi methu eu datrys o fewn y ddau fis cyntaf!

Yr achos cyntaf a ddaeth ag enw da i mi fel meddyg, a hynny ar ôl pythefnos, oedd achos dynes o'r enw Hilda Graham oedd yn byw yn 47 Redlands Avenue, sef nythaid o dai 'prefab' un-llawr, rhad a adeiladwyd adeg yr Ail Ryfel Byd. Dywedodd Dr Bassett wrtha i un bore am fynd i ymweld â hi, a'i fod ef a'i bartner, Dr Easby, wedi bod yno ac wedi methu gwneud na phen na chynffon o'i salwch. Dyma her, a chofiais eiriau Byron ar y ffôn. Roeddwn yn benderfynol mai dyma'r siawns y gobeithiwn y deuai i'm rhan.

Dynes 56 oed oedd hi a'i gŵr yn gofalu amdani, ac roedd hi wedi bod yn anhwylus am fis. Teimlai wendid, blinder ac roedd yn brin o anadl wrth wneud unrhyw beth corfforol, hyd yn oed wrth fynd â'r dwster rownd y tŷ, er mai tŷ bach iawn oedd e. Roedd hi hefyd wedi dirywio'n feddyliol. Roedd hi'n arfer bod yn llawn hwyl a chwerthin ond nid felly bellach. Cwynai fod ei thafod yn dost, ac yn llosgi, ac roedd yn cael pinnau bach yn ei thraed a'i dwylo ac yn colli ei chydbwysedd, neu falans. Fe wnes i archwiliad manwl a dod i'r casgliad mai anemia megaloblastig oedd arni.

Rhaid oedd tynnu'r pyjamas i ffwrdd gyda'r gŵr yn cynorthwyo. Roedd e'n bresennol drwy'r amser, rhywbeth pwysig iawn yn achos meddyg ifanc! Dechreuais gyda'r pen – roedd ei gwallt yn wyn, ac wedi bod felly am flynyddoedd. Edrych wedyn ar y llygaid, glas eu lliw, a dod i'r casgliad mai anemia oedd arni heb amheuaeth. Roedd y gwaed yn isel iawn wrth syllu ar yr amrannau, neu gloriau'r llygaid. Yna'r geg – y tafod yn goch, yn llyfn ac yn sgleinio. Yna lawr i'r bol, a'r unig beth y medrwn i ei weld oedd bod y boten ludw (*spleen*) yn fawr; nid oedd lwmpyn yn y cylla. Gofynnais i'r gŵr am bìn, pìn het os oedd un i'w gael. Aeth at ddrôr y bwrdd gwisgo, a daeth allan â dewis o ddau, un yn dair modfedd o hyd! Dychrynodd y wraig, "Beth ych chi'n mynd i'w wneud?" gofynnodd yn ofnus. Gwthiais y pin i'w chroen i weld a oedd teimlad yn y dwylo a'r coesau – doedd dim teimlad o gwbl yn y traed nac yn y coesau hyd at y penglin. Dim teimlad yn y dwylo chwaith.

Erbyn hyn roeddwn i'n gwbl sicr o'r diagnosis. Fe ffoniais i Byron, a dweud bod gyda fi glaf a fyddai'n dda ar gyfer dysgu myfyrwyr ifanc, sef enghraifft berffaith o anemia dinistriol, wedi ei enwi ar ôl gŵr o'r enw Addison. Diffyg fitamin BI2 yw'r achos, a'r driniaeth yw chwistrelliad o'r fitamin i'r corff, yn aml i ddechrau, a bob dau fis wedyn nes y deuai'r gwaed i fyny i 100 y cant. Roedd gwaed Hilda Graham i lawr i 35 y cant pan aeth i mewn i Ysbyty Llandochau lle cadarnhaodd profion y diagnosis. Fe fuodd Hilda yno am fis, a phan ddaeth allan, roedd pawb ym Mhenarth yn gwybod yr hanes. Fe fuodd hi byw hyd ei phedwar ugain, a marw o ddolur y galon – dim byd i'w wneud ag anemia.

Yr ail achos a ddaeth â rhagor o enw da i fi oedd baban wedi ei eni ym mis Tachwedd, 1959, yn 23 Pill Street, Cogan, rhan o Benarth ar y ffordd i mewn i Gaerdydd. Roedd pobol hyfryd yn yr ardal yma, pobol gymdeithasgar, gostyngedig eu hagwedd, ac yn gwneud y mwyaf o'r meddyg newydd pan âi i'w hardal. Yn wir, pan fyddwn i'n galw mewn un tŷ byddai hanner dwsin o bobl arall ar ben drws yn gofyn am gymorth, a chymerai awr yn fwy nag y dylai imi ddod 'nôl i'r feddygfa. Roedd y partneriaid yn meddwl fy mod wedi cwrdd â chariad newydd rywle! Yma y gwelais y siôl olaf yn cael ei defnyddio yn yr ardal i gludo babi, er y gwelwn ddigon ar ben drws yn y Rhondda wrth deithio i'r Bannau ar yr A470.

Enw'r baban oedd Lynn Miller – merch fach bengoch. Bu'r enedigaeth yn rhwydd, adref gyda bydwraig yn edrych ar ei hôl, a phopeth yn iawn. Ond, o'r dechrau, roedd peswch arni, heb unrhyw achos amlwg. Bu'r ddau feddyg arall yn y practis yn ymweld â hi, ond yn methu â gweld dim o'i le arni. Roedd y teulu'n meddwl bod broncitis arni, ond er ei bod hi wedi cael gwrthfiotig gan y meddygon doedd hi ddim gwell.

Roedd yn fis Mawrth erbyn hyn, ac fe es i roi tro amdani. Rhaid oedd gwrando'n astud ar y fam, cael y stori'n gyfan, ond, yr unig beth oedd yn rhyfedd oedd y peswch oedd wedi bod arni ers ei geni. Wrth ddechrau'r archwiliad, methais â gweld dim o'i le. Yna dyma'r stethosgop yn dod mas o'r bag a gwrandewais ar y galon. Roedd sŵn anarferol iawn i'w glywed – sŵn fel peiriant dyrnu. Doeddwn i ddim wedi clywed dim fel hyn o'r blaen, ond roeddwn wedi darllen amdano mewn llyfrau.

Pan mae'r baban yn y groth, daw'r ocsigen sydd eisiau arno i dyfu a chadw'n fyw o'r llinyn bogail o waed ei fam. Felly, does dim eisiau i'r ysgyfaint weithio, ac mae gwythïen yn mynd â'r gwaed trwy'r corff heb fynd i'r ysgyfaint – gwythïen o'r enw *ductus arteriosus*. Pan fydd y baban yn cael ei eni, mae hon yn cau'n naturiol, ond, gyda Lynn, chaeodd hi ddim, ac roeddwn yn clywed y gwaed yn mynd trwyddi pan na ddylai. Rhaid oedd ei chael i mewn i Ysbyty Llandochau, lle cadarnhawyd y diagnosis. Fe wnaeth llawfeddyg o'r enw Mr Hugh Harley, arbenigwr ar y galon, gau'r wythïen drwy roi llinyn o'i hamgylch a'i thynnu'n dynn â chwlwm. Bu'r driniaeth yn llwyddiannus a daeth y ferch fach adref ymhen pythefnos. Fel y gallwch ddychmygu roedd datrys yr achos hwn eto yn destun siarad i bawb ym Mhenarth!

Mae Lynn nawr yn nyrs yn Ysbyty Llandochau, yn briod, a

dau o blant ei hunan ganddi. Mae'n beth rhyfedd, ac ni wyddwn hyd yn ddiweddar pan es i ymweld â rhieni Lynn, John a Hilda Miller, mai'r trydydd plentyn ydoedd. Roedd un arall wedi marw o'r un salwch yn Ysbyty Sully. Credaf nad oes erioed rieni ym Mhrydain wedi cael dau blentyn â'r salwch hwn.

Bu'r ddau ddigwyddiad yma, y ddynes â'r anemia a'r baban Lynn, yn gymorth mawr imi ennill ffydd y cleifion, ac rwy'n siŵr fod llawer wedi dod ataf oherwydd yr hanesion.

Hoffwn sôn am un diwrnod arall yr adeg yma. Roeddwn wedi bod yn y dref am bedwar mis pan gefais fy ngalw i dŷ lle roedd dyn yn ceisio cyflawni hunanladdiad drwy ei grogi ei hun. Roedd rhaff am ei wddf ac roedd yn barod i'w chlymu wrth fachyn mawr ar y nenfwd. Cefais broblem fawr i'w reoli, ac anfonais i nôl plismyn ac fe aethon nhw ag e i ysbyty seiciatrig yn yr Eglwys Newydd. Roedd iselder difrifol arno, druan.

Yr amser hwnnw roedd ceisio cyflawni hunanladdiad yn drosedd. Pam y bu'r gyfraith mor hir cyn newid hyn? Gorfod imi fynd i Lys yr Ynadon i'w amddiffyn, ac fe wnes i hynny'n llwyddiannus, er nad oedd cosb yn bosibl i ddyn â'r fath ddolur. Tra bues i'n disgwyl yn y llys i'w dro ef ddod, roedd merch 17 oed yn y doc, wedi cael plentyn, a dyn o flaen ei well gerllaw, yn cael ei gyhuddo o fod yn dad i'r baban ac yntau'n gwadu. Doedd dim profion DNA i'w cael bryd hynny, a gofynnodd Cadeiryddes y Fainc iddi, "Pa liw gwallt oedd gan y dyn?"

Anghofia i fyth mo'i hateb – "Weles i ddim – thynnodd e ddim o'i hat bant!"

Miss Kate Davies, dynes amlwg ym Mhenarth, oedd Cadeirydd y Fainc y diwrnod hwnnw. Dywedodd hi ei hanes wrthyf ac roedd yn stori drist. Roedd hi, Kate Davies, yn Ysgol Breifat Malvern i Ferched, sydd drws nesaf i'r tŷ y mae fy mab Ian a'i deulu yn byw ynddo heddiw. 1919 oedd hi, adeg y ffliw fawr dros Ewrop ac roedd saith o'r merched yn cysgu yn yr un ystafell. Anfonwyd nhw i gyd adref pan dorrodd ffliw allan yn yr ardal, a wyddoch chi sawl un ohonyn nhw ddaeth nôl? Dim ond un, a Kate oedd honno. Fe fu'r chwech arall farw o'r ffliw – ei ffrindiau i gyd. Fe fu farw mwy o bobl o'r ffliw yn 1919 nag a laddwyd o filwyr yn y ddau Ryfel Byd. Ffaith anhygoel sy'n dangos mor farwol y gall rhywbeth fel ffliw fod.

Gwyrth gwella
Dolur rhydd

Pan es i yno gyntaf roedd y practis ym Mhenarth yn cadw'r feddygfa ar agor ar nos Sadwrn. Pwrpas hyn oedd rhoi siawns i'r bobol oedd yn gweithio drwy'r wythnos gael cyfle i weld meddyg.

Roedd dwy wraig a oedd yn gymeriadau hoffus iawn yn byw ym Mhenarth ar y pryd, a'r ddwy yn dod i'r feddygfa bob nos Sadwrn. Roedd tân nwy hyfryd yn y dderbynfa i'w cadw'n gynnes ac fe fydden nhw'n treulio rhyw chwarter awr yn cloncan â'r meddyg ac yn cael tabledi fel aspirin am ddim bryd hynny. Roedden nhw'n eithaf llwm a thlawd ac yn byw dau ddrws oddi wrth ei gilydd yn Ffordd Paget, oedd yn edrych dros y dociau. Roedd un yn dew a'r llall yn denau a'r ddwy bob amser gyda'i gilydd fel Laurel a Hardy. Alice Tonkin oedd yr un fawr ac Annie Hicks oedd yr un fach. Byddai Alice fawr yn gwneud y siarad ac Annie fach yn dweud "Ie, ie" a fawr ddim arall. Yna, daeth yr amser i roi terfyn ar agor drws y feddygfa ar nos Sadwrn a chlywyd Alice yn dweud wrth Annie, "Beth wnawn ni nawr ar nos Sadwrn gan na fydd y feddygfa ar agor?" ac Annie yn ychwanegu, "Ie wir, beth wnawn ni nawr ar nos Sadwrn?"

Cyn i'r feddygfa gau am byth ar nos Sadwrn fe ddiflannodd y carped gweddol newydd o'r ystafell aros – wedi ei ddwyn tra oedd y meddyg yn siarad â chlaf yn ei stafell! Ie, cymysg iawn oedd Penarth yr adeg honno, ac y mae yma o hyd gyfoeth a thlodi, ochr yn ochr, fel llawer tref arall yng Nghymru.

Cefais lawer achos diddorol. Un diwrnod tua mis Medi 1960 anfonwyd fi i dŷ un o'r teuluoedd crand, ac roeddwn i'n methu deall pam roeddwn i, y meddyg ifanc, wedi cael y fraint honno. Gwraig ddibriod oedd y claf o'r enw Dorothy Enid Slade ac yn byw yn 170 Ffordd Redlands. Roedd hi yn ei phedwar degau ac yn dioddef o broblem gyda'r perfedd – dolur rhydd. Pan gnociais y drws daeth y fam i'w ateb, gweddw yn ei saith degau, ac roedd yn amlwg yn falch fy ngweld. Yr hanes yn fyr oedd i Enid ddioddef o ddolur rhydd fyth er pan oedd yn 11 oed, ers dechrau yn Ysgol Ramadeg Stanwell. Yn wir roedd hi wedi colli pedair blynedd o ysgol oherwydd y dolur. Roedd ei chyflwr wedi gwaethygu erbyn i mi ei gweld.

Ar hyd y blynyddoedd methodd y meddygon lleol ac arbenigwyr Ysbyty Llandochau ei gwella. Pan oedd hi'n 18 oed gofynnwyd i'r arbenigwr pennaf ym Mhrydain ar gastro-enterig ddod i'w gweld o Lundain, sef Syr Francis Avery-Jones. Teithiodd ar y trên o Paddington i Gaerdydd yn ei forewisg ddu a het silc galed, a chael tacsi o'r orsaf i'r tŷ. Wedi'r archwiliad bu sôn am dreio gwahanol fwydydd ac yn y blaen, ond methiant fu'r cyfan, a siomedig oedd y tad – yn enwedig pan gafodd y bil sylweddol!

Wyddwn i ddim beth i'w wneud – dim ond ceisio ennill ymddiriedaeth y claf a'i chael hi i gredu ynof i. Rhoddais foddion y medrech chi ei brynu dros y cownter bryd hynny iddi, 'Kaolin a Morph', i dawelu'r perfedd a llaesu'r boen. Roedd hi wedi dioddef ers 30 mlynedd a'r arbenigwyr gorau wedi methu â'i gwella ond rhaid oedd gwneud fy ngorau. Teimlwn fod ochr seicolegol i'r dioddef, a pho fwya y byddwn i'n pwysleisio mor dda oedd y moddion, gorau i gyd fyddai ei hymateb hi. Dywedais yn bendant wrth Enid mai'r moddion hwn oedd yr ateb i'w dolur.

Chredwch chi ddim, ond mae'n berffaith wir, cyn gorffen y botelaid o foddion roedd y dolur rhydd wedi cilio, ac ni chafodd ddolur rhydd byth wedyn! Beth yw'r esboniad? Credaf fod y meddwl wedi bod yn gyfrifol am ran fawr o'i symptomau, a phan ddaeth meddyg ifanc newydd a dweud yn hyderus ei fod am ei gwella teimlodd fod ganddi ffydd ynddo. Does gyda fi ddim amheuaeth fod y meddwl a ffydd yn y meddyg wedi bod yn gyfrifol am y 'wyrth'.

Ond dyw hanes Enid ddim yn gorffen fan yna. Tra bu Enid byw doedd dim ond un meddyg oedd yn gwneud y tro iddi – a fi oedd hwnnw. Os byddai hi'n sâl a finnau ar fy ngwyliau fe fyddai'n aros nes i mi ddychwelyd. Yn enwedig ar ôl i'w mam farw roedd yn rhaid i fi fynd yno i de ar ei phen-blwydd ac yn y blaen.

Pan oedd yn agosáu at ei 80 gwaethygodd ei golwg. Pan fyddwn i'n mynd i'r tŷ i'w gweld gwelwn gynnydd yn nifer y nythod corynnod o dan y nenfwd ac ambell un yn mynd am dro pan oeddwn i yno, hyd yn oed ar hyd y carped! Roedd cilion mawr yno hefyd yn hollol gartrefol yn y pot siwgwr neu'r jam – cilion mawr haerllug. Byddwn yn eu dychryn i ffwrdd ac fe fyddai eu sŵn yn cynhyrfu'r corynnod a'r rheiny'n dod i ddrws ffrynt eu nythod. Yn y nos mae corynnod fwyaf prysur fel arfer ond gydag Enid roedden nhw'n brysur ddydd a nos! Roedd yr holl gilion roedden nhw'n eu bwyta yn eu gwneud yn fawr a rhai ohonyn nhw mor fawr fel roedden nhw fel crancod o gwmpas y lle!

Byddai Enid yn mynnu 'mod i'n cael paned o de, ond fyddai'r cwpan te fyth yn lân iawn a byddwn i'n osgoi yfed ohono. Yr unig ffordd i ddod dros y broblem oedd eistedd yn agos i bot blodau a phlanhigyn ynddo, a phan fyddai Enid yn edrych draw byddai'r te yn disgyn i waelod y pot blodyn. Yna cyn ymadael fe fyddwn i'n dweud fod eisiau dŵr ar y planhigyn ac yn cael cyfle i arllwys y te allan. Os byddai Enid wedi gwneud cacen byddai'n mynnu 'mod i'n ei bwyta. Yr unig ateb oedd esgus bwyta'r gacen a chadw cwdyn plastig yn fy mhoced yn barod i dderbyn y gacen gan nad oedd ewinedd na dwylo Enid druan yn lân iawn!

Cofiaf yn dda un bore, tua diwedd ei hoes, roedd broncitis ar Enid, ac roedd wedi aros yn ei gwely. Pan alwais roedd y gynorthwywraig cartref newydd fod yno ac wedi gwneud wy

wedi'i sgramblo i Enid i frecwast. Oherwydd ei dallineb roedd
Enid wedi colli hanner hwnnw ar siaced ei phyjamas. Ar y pryd
roeddwn i'n gofalu am gi Labrador melyn ifanc i Ian, y mab,
oedd wedi mynd ar ei wyliau. Fe es i â'r ci gyda fi ac fe ddaeth i
mewn i'r stafell wely. Roedd hi'n falch 'mod i wedi dod â'r ci,
ond pan welodd y ci'r wledd o fwyd ar y pyjamas neidiodd i fyny
i'r gwely a llyfu'r wy ar y siaced. Meddai Enid, "Rwy'n meddwl
ei fod e'n fy hoffi i!" heb sylweddoli wrth gwrs mai llyfu'r bwyd
oedd y ci!

Wedi iddi farw daeth y cyfreithiwr i ddangos ei hewyllys i fi.
Roedd hi wedi gadael ei thŷ a'r cynnwys i fi! Roeddwn i wedi
treulio oriau lawer, a hynny ar adeg pan oeddwn i'n naturiol
â llawer o bethau eraill i'w gwneud, yn ymweld ag Enid i
godi ei hysbryd, ond doedd gen i ddim syniad ei bod hi wedi
gwerthfawrogi'r sylw a roddais iddi gymaint.

Gwelais lawer o bethau torcalonnus yn fy nghyfnod fel meddyg
teulu a'r un a gofiaf yn glir yw tri brawd – David, Anthony a
Mark Pritchard o Senghennydd – ar ddiwedd y chwedegau, a'r tri
yn dioddef o dystroffi'r cyhyrau. Cyflwr yw hwn lle mae plentyn
yn dirywio'n araf o ryw dair oed ymlaen gan golli defnydd y
cyhyrau ac fel arfer mae'r plant yn marw tua 15 oed ar ôl treulio
eu bywyd byr a thrist mewn cadair olwyn. Ar ôl i'w ddau frawd
farw ni welais wên ar wyneb y brawd lleiaf fyth wedyn; roedd yn
gwybod ei dynged druan.

Nid yw merched yn cael y salwch, ond nhw sy'n ei gario ac yn
ei drosglwyddo drwy eu genynnau. Mae 30,000 yn dioddef o'r
math yma o salwch ym Mhrydain. Yna daeth y newyddion da fod
cŵn sydd yn dioddef o'r un salwch yn gwella wedi cael triniaeth
drwy ddefnyddio bôn gelloedd (*stem cells*). Milfeddyg o'r enw
Cossu o Brifysgol Milan a wnaeth y darganfyddiad. Mae dadlau
mawr ynglŷn â defnyddio celloedd o'r math yma o'r embryo,
ond yn yr achos yma gwaed anifail mewn oed a ddefnyddiwyd.
Hyfryd oedd gweld lluniau o gi bach oedd yn methu cerdded yn

bum mis oed yn rhedeg gyda chŵn eraill pan oedd yn flwydd. Brysied y dydd pan fedrwn wneud yr un wyrth i'r plant sy'n dioddef o'r clefyd ofnadwy hwn.

Pan fyddwch chi sy'n darllen y geiriau hyn yn gwneud eich ewyllys cofiwch am y gwaith ymchwil yn y byd meddygol sy'n mynd i achub llawer o fywydau ac arbed llawer o ddioddefaint.

RHAI ACHOSION

MANTAIS FAWR I FI, fel meddyg teulu a arhosodd yn yr un ardal ar hyd ei oes, oedd fy mod yn gwybod hanes meddygol llawer o'r teuluoedd ac yn gwybod pa salwch oedd yn cael ei drosglwyddo o un genhedlaeth i'r llall.

Roedd teulu ym Mhenarth o'r enw Lane. Cwrddais â'r fam, Nancy, gyntaf yn ward Llanbradach yn Ysbyty Caerdydd yn 1956. Roedd yn y gwely pellaf ar y chwith yn dioddef o boen yn y bol. Dangosodd y pelydr-X fod cerrig bustl (*gallstones*) arni, ond doedd hi ddim eisiau cael y goden allan. Pan ddes i i Benarth yn 1960 roedd y teulu dan fy ngofal i. Siop lysiau a ffrwythau oedd gyda'i gŵr Bert, ac roedd wedi dechrau ei fusnes drwy werthu o gwmpas y dre gan ddefnyddio ceffyl a chart. Fe ddaeth hi ata i a dweud bod y boen yn ei bol yn gwaethygu. Cytunodd i gael llawdriniaeth ond yn anffodus ar ganol y driniaeth fe stopiodd ei chalon a bu farw. Teimlwn innau'n ddiflas am fy mod wedi awgrymu llawdriniaeth oherwydd gallai hi fod wedi byw am flynyddoedd er y byddai ganddi boen.

Gwnaed *post mortem* ond doedd y *post mortem* ddim yn dangos bod unrhyw beth o'i le ar y galon, ac er mwyn rhoi rhywbeth ar y dystysgrif marwolaeth fe roddwyd 'Trawiad ar y Galon', neu *Coronary Thrombosis*. Anfoddhaol iawn.

Parhaodd ei gŵr i gynnal y siop am flynyddoedd, ac yno y bydden ni fel teulu yn prynu ein ffrwythau, a Bert yn rhoi cwdyn o losin a banana'r un am ddim i'r plant bob tro y bydden nhw'n mynd i'r siop.

Roedd mab gyda Bert a Nancy, sef Ken. Yn 1991 dechreuodd Ken gael trwbwl gyda'i galon. Roedd e'n brin o anadl hyd yn oed yn y gwely yn y nos er nad oedd poen *angina* gyda fe. Beth oedd yn bod ar y galon? Anfonais ef i mewn i Ysbyty Llandochau bedair gwaith ac i Ysbyty Mynydd Bach deirgwaith mewn ymdrech i ddatrys y broblem. Bu dadlau mawr beth oedd yr achos ond un prynhawn yn yr ysbyty fe waethygodd ac fe bwysais arnyn nhw i'w anfon i ysbyty enwog Harefield lle roedd yr enwog Yacoub yn gweithio. Cafodd drawsblaniad y galon gan Yacoub ei hunan drannoeth, y 4ydd o Chwefror 1992 – a derbyn calon gwraig 47 oed oedd wedi marw o waedlif yr ymennydd.

Wrth astudio'r hen galon fe wnaethon nhw ddarganfod fod y cyhyrau yn mynd i ben, salwch teuluol drwy'r genynnau, a elwir yn *Cariomyopathy* teuluol. Dyma mae'n debyg oedd y rheswm y bu'r fam, Nancy, farw – sef cyhyrau'r galon yn dirywio wrth iddi agosáu at yr hanner cant oed. Dyna farn Yacoub ei hun.

Rhaid oedd trin Ken â chyffuriau i atal y corff rhag gwrthod y galon newydd. Yn anffodus mae blynyddoedd o ddefnyddio'r cyffuriau yn niweidio'r arennau a bu raid i Ken gael trawsblaniad yr aren yng Nghaerdydd yn 2003 ar ôl treulio peth amser ar ddialysis. Fe alwodd Ken gyda fi'n ddiweddar – erbyn hyn mae'n 71 oed ac yn mwynhau bywyd. Peth rhyfedd yw cael claf dan eich gofal sydd â chalon newydd ac aren newydd ac yn edrych yn holliach er ei fod yn 71 oed!

Lle arbennig yw Harefield ac erbyn 2005 roedd yr ysbyty yn dathlu 1,000 o drawsblaniadau'r galon. Aeth Ken i'r dathliad a chael ei lun wedi'i dynnu gyda Yacoub. O ie, cafodd Ken driniaeth ar gerrig yn y goden yn 1999 – salwch arall oedd yn rhedeg yn y teulu – neu felltith y genynnau.

Rydyn ni erbyn heddiw ar drothwy byd newydd mewn meddygaeth, sef gwaredu corff dyn o'r genynnau drwg sy'n gyfrifol am ddoluriau teuluol. Cyn hir efallai y byddwn yn darllen ar garreg fedd "Bu farw'n 140 oed" yn y flwyddyn 2100 – rhy hwyr i chi a fi!

Dros gyfnod hir fel meddyg teulu fe gefais i bob math o

achosion gwahanol a diddorol. Un felly oedd dynes 82 oed yn Mathew Terrace, Eastbrook. Gweddw yn byw ar ei phen ei hun oedd hi. Doedd y fenyw drws nesa ddim wedi ei gweld hi ers pedwar diwrnod a gan fod allwedd gyda hi, fe aeth hi i mewn i'r tŷ. Roedd yr hen wraig yn y gwely yn ddifrifol wael. Fe alwais ac roedd hi'n dioddef o niwmonia ac yn rhy sâl i'w symud i'r ysbyty. Ar y ffordd lawr o'r llofft fe es i mas i'r gegin ac yn y gornel roedd cawell a pharot ynddo – ond roedd y parot yn farw. Fe sylweddolais beth oedd wedi digwydd, sef clefyd y parot, neu psittacosis. Mae'n debyg fod y parot wedi cario'r bacteria ar hyd ei oes ond pan ddaeth henaint, y bacteria oedd gryfaf. Y tebyg yw bod hyn yn wir am y ddynes, sef bod henaint wedi ei gwanhau. Mae clefyd y parot yn angheuol yn aml mewn henoed, hyd yn oed gyda'r antibiotig cryfaf. Efallai mai peth da yw peidio cadw parot!

Afiechyd peryglus yw gên-glo neu detanws. Gwelais achos o ferch fach bump oed yn mynd i aros at ffrind ysgol am fod ei rhieni i ffwrdd am ddwy noson. Cwympodd y ferch fach fore Sadwrn a rhwygo ei phen-glin. Aeth rhieni ei ffrind â hi at eu meddyg nhw. Rhoddodd hwnnw bwythau i gau'r clwyf, ond ni roddodd chwistrelliad gwrth-detanws na dweud wrthyn nhw am ddod ata i fore Llun. Tynnodd nyrs y pwythau allan.

Ar ôl deg diwrnod daeth galwad brys i fynd i dŷ'r ferch fach – roedd y plentyn yn methu agor ei cheg. Fe es i â hi i Ysbyty Llandochau, lle cafodd y driniaeth orau o fewn awr – sef *traceotomi* – i'w helpu i anadlu, a phibell lawr y trwyn i'r cylla i roi bwyd iddi. Bu myfyrwyr y Coleg Meddygol yn cynorthwyo'r nyrsys i gadw llygad arni ddydd a nos. Fe es innau i'r ward bob wythnos am ddau fis, ond bu farw'n sydyn. Roedd ei marwolaeth yn ergyd ddifrifol i bawb. Gellir imiwneiddio yn erbyn tetanws erbyn hyn ac mae'n hollbwysig gwneud hyn.

Problem fawr yw alcoholiaeth. Cofiaf un dyn yn dda. Roedd busnes mawr gyda'r teulu ac yntau wedi dilyn yn y gwaith ond

ddim yn ei hoffi. Trodd at y botel am gysur. Yn aml iawn fyddai
neb yn gallu cadw rheolaeth arno am ei fod yn ymddwyn yn
hollol orffwyll. Fe alwyd y meddyg! Pan welodd y dyn meddw
fi roedd fel taflu petrol ar y tân. "Mas â chi!" gwaeddodd a dyna
wnes i a chau drws y stafell ar fy ôl. Y funud nesaf roedd wedi dod
drwy'r drws heb ei agor fel tarw drwy glawdd a ffurf ei gorff yn
y drws tu ôl iddo – yna cwympodd. Doedd e ddim wedi teimlo
dim. Anfonwyd am yr heddlu ac aed ag e i'r ddalfa i sobri.

Pan fyddwn i'n mynd i dŷ ac yn amau fod y claf yn alcoholig,
y lle cyntaf y byddwn i'n edrych am botel chwisgi wedi'i chuddio
byddai yn seston y toiled.

Yn rhyfedd iawn gwendidau dynol sy'n achosi'r gost fwyaf
i'r Gwasanaeth Iechyd. Pe bai pobl ddim yn goryfed, ddim yn
gorfwyta a ddim yn smygu byddid yn arbed biliynau i'r wlad a
byddai pawb yn llawer iachach ac yn byw'n hirach.

Weithiau cawn y pleser o wneud diagnosis cywir a gweld
adfer iechyd y claf yn llwyr. Dyna i chi Mrs Lewis, gwraig weddw
tua 60 oed. Bythefnos cyn i mi ei gweld roedd hi wedi bod yn
y feddygfa yn achwyn am y boen yn ei brest wrth gerdded.
Dywedodd un o'r partneriaid mai angina oedd arni.

Un prynhawn daeth galwad ffôn tua dau o'r gloch oddi wrth
Mrs Lewis yn dweud nad oedd yn hwylus a'i bod yn y gwely
a'i bod heb roi clo ar ddrws y ffrynt os oeddwn am wneud
ymweliad.

Dyma fi'n mynd yno ac i fyny â fi i'r llofft. Dyna lle roedd
Mrs Lewis yn ei gwely a'i dillad a chot fawr amdani o dan y
cwilt ac roedd yn teimlo'n oer er bod yr haul yn gwenu tu allan
a'r tymheredd yn 80° F. Rhaid oedd cymryd amser i wrando ar
ei stori a gwneud archwiliad trylwyr. Dywedodd ei bod dros y
flwyddyn ddiwethaf wedi arafu'n feddyliol a chorfforol. Doedd
dim graen ar ei gwallt ac roedd yn colli peth wrth ei olchi. Roedd
y llais yn gryglyd a'r croen yn sych a'i gwefusau'n dew.

Roedd curiad y galon yn araf – 60 i'r funud. Fe gymerais sampl gwaed a thrannoeth daeth yr ateb ar frys fod lefel y thyrocsin, yr hormon sy'n cael ei wneud gan y chwarren yn y gwddf, mor isel fel nad oedd modd iddyn nhw ei fesur. Ie, *mycsedema*. Dechreuais roi triniaeth yr hormon thyrocsin iddi a'i gynyddu'n raddol. Fe wellodd o ran corff a meddwl ac ymhen tri mis roedd yn cerdded i'r dref heb *angina*. Cafodd brofion ar y galon a doedd dim *angina* arni o gwbl.

Fe ddaethon ni'n ffrindiau mawr ond fe symudodd hi ar ôl tair blynedd 'nôl i'w chynefin yng Nghasnewydd. Daeth achosion eraill – dyna fywyd meddyg teulu.

Byddwn yn cael cyfle i fynd i Geredigion ambell waith a chael hoe o brysurdeb fy ngwaith fel meddyg teulu. Wedi marw Wncwl Evan ac Anti Lisa fe symudodd Anti Annie, a hithau bellach yn 70 oed, o Glasfryn i fwthyn a brynais i ar gwr y pentre yng Nghroeslan – Noddfa. Byddwn wrth fy modd yn cyfarfod â hen ffrindiau a mwynhau eu hiwmor iach. Cofiaf yn iawn ddiwrnod ocsiwn Glasfryn. Roedd ocsiwn yn achlysur i gael tipyn o hwyl yn enwedig os oedd yr arwerthwr yn dipyn o gymeriad. Pan ddaeth tro'r pot dan y gwely i gael ei werthu dyma Hefin Evans, yr arwerthwr, yn dweud, "Gyfeillion, mae hwn wedi gweld lot!"

Mae meddyg teulu wedi gweld llawer o bethau hefyd ond wiw iddo eu rhoi i gyd ar bapur!

Dewrder o dan Dynerwch

Roedd bron 10,000 o bobol ar ein rhestr yn y practis, er mai dim ond 5,000 oedd yno pan gyrhaeddais i yno gyntaf ym 1960.

Gwelais lawer o ddioddefaint yn ystod yr amser y bues i'n feddyg teulu, a gwelais hefyd ddewrder mawr pobl wyneb yn wyneb â salwch a marwolaeth. O'r holl gleifion a fu gyda fi, mae Janet wedi mynnu aros yn y cof am ei bod yn ymgorffori dewrder a mawredd ysbryd dyn a'r gallu i ddal i obeithio a chadw i fynd er gwaethaf poen a chaledi.

Ganwyd Janet ym mhentre Felindre Farchog, gogledd Sir Benfro, ym 1944. Symudodd y teulu i Drewyddel ac yna i Landudoch. Aeth i Ysgol Ramadeg Aberteifi ac ar ôl gadael yr ysgol aeth i weithio i Fanc Lloyds. Pan oedd hi'n ddwy ar bymtheg, symudodd bachgen o'r enw Alun, oedd yn gweithio i Fanc Barclays, i fyw dau ddrws oddi wrthi. Roedd yn fab fferm ger Llanrhystud. Priodwyd Alun a Janet yn Eglwys Llandudoch yn 1966.

Symud, symud, symud bu hanes y ddau gyda'u gwaith gyda'r Banc ond yn 1967 anfonwyd Alun i Gasnewydd, lle bu'r ddau'n gweithio. Wrth beintio a phapuro'r tyddyn newydd, yn aml hyd ddau neu dri'r bore, daeth problem gydag iechyd Janet. Doedd hi ddim yn gallu rhoi'r llestri 'nôl yn y cwpwrdd ar ôl cinio'r nos, ac roedd hi hyd yn oed yn methu cribo'i gwallt. Bu'r fraich dde yn waeth na'r llall a bu'n rhaid iddi ailddysgu ysgrifennu gan ddefnyddio'r llaw chwith. Effeithiodd y clefyd ar ei choesau hefyd mewn byr amser.

Aeth Janet at y meddyg teulu, yna arbenigwr ar y salwch, a dywedodd hwnnw wrthi mai'r peth gorau y gallai ei wneud oedd reidio beic! Teimlai boen difrifol yn y glun dde. Soniodd rhywun am Jerry Lewis, ffisiotherapydd, ond ni allai helpu. Aeth 'nôl at y meddyg teulu, ac roedd hwnnw'n gynddeiriog ei bod wedi bod at ffisiotherapydd, ond gwnaeth brofion ar y gwaed a phelydrau-X ar y glun. Dangosodd y profion fod crydcymalau gwynegol (*rheumatioid arthritis*) arni, a'i bod wedi gwneud drwg i'w chlun wrth ymarfer gormod. Roedd cortison yn newydd bryd hynny, a dechreuwyd hi ar gwrs ohono. Cafodd gwrs hefyd o aciwbigo (*acupuncture*) heb yn wybod i'w meddyg ond doedd dim gwelliant.

Symudodd Janet ac Alun i Gaerdydd yn 1971 a dyna pryd y des i i'w hadnabod. Clywodd Alun fod Cymro Cymraeg yn gweithio fel meddyg teulu ym Mhenarth. Daeth Janet i ymgynghori â fi, ac anodd oedd credu ei stori. Yn wir, fe es i â'i nodiadau adref dros nos i'w hastudio. Merch brydferth, dawel, 27 oed oedd Janet, wedi dioddef llawer iawn mewn byr amser – mwy nag y mae rhai'n ei brofi mewn oes.

Wedi meddwl am y salwch, penderfynais ei hanfon i ymgynghori â'r meddyg gorau y gwyddwn amdano ym Mhrydain, sef Dr Dudley Hart yn Llundain. Dywedodd na allai gymeradwyo'r un feddyginiaeth, ond y byddai'n rhaid i Janet gael llawdriniaeth ar y glun, a chael bwlyn artiffisial, ond ddim am 30 mlynedd arall. Byddai'n 57 oed erbyn hynny.

Daeth Janet 'nôl yn ddigalon, a rhaid oedd meddwl eto. Yr adeg hon roeddwn wedi darllen am lawfeddyg gwych oedd yn arbenigo ar y glun, sef yr Athro John Charnley. Roedd wedi dyfeisio clun-gwneud newydd yn Ysbyty Wrightington, ger Wigan. Anfonais i hi i'w weld, a chafodd ymgynghoriad a phrofion, a galwyd hi 'nôl i'w ystafell, lle roedd wyth o lawfeddygon ifanc yn dysgu wrth draed y dyn mawr. Teimlai nad oedd Janet yn barod i'r driniaeth, yn feddyliol nac yn gorfforol, a'i bod yn rhy ifanc yn 28 mlwydd oed, a gwell fyddai aros tan ei bod yn 55! Pan ddywedodd yr athro hyn, torrodd Janet lawr i lefain.

Daeth Janet 'nôl i'r feddygfa ata i a gofyn "Beth wna i nawr?" Anfonais i hi at arbenigwyr lleol, sef llawfeddyg a meddyg yn arbenigo ar riwmatoleg. Roedd y ddau am asio'r esgyrn wrth ei gilydd yn y glun. Fyddai hi ddim yn gallu symud y glun, ond byddai'n ddi-boen. Beth? A hithau ond yn 28 oed? Gwrthodais gytuno i'r driniaeth, a dywedais wrthi am aros gan fod gwelliannau yn y driniaeth yn dod bob dydd. Roedd y cymal mor ddrwg erbyn hyn, fel ei bod hi'n hercian wrth geisio cerdded. Cafodd Janet ei hail blentyn ym 1972.

Flwyddyn wedyn, teimlais fod rhaid iddi fynd i weld yr Athro Charnley eto. Aeth drwy'r un cyfweliad, rhagor o belydrau-X ar y glun, ac edrychodd i fyw ei llygaid. Gwenodd Janet yn lle llefain y tro hwn, a dywedodd yr arbenigwr y teimlai bod ei meddwl yn fwy parod i'r llawdriniaeth bellach, er y gwyddai bopeth a allai fynd o'i le. Roedd y gŵr mawr yn barod i fentro. Daeth Janet 'nôl i'r feddygfa i roi'r hanes gyda gwên fawr ar ei hwyneb. Roedd wedi dioddef digon, ond nawr dyma rywun yn fodlon mentro ceisio ei helpu.

Rhaid oedd disgwyl yn amyneddgar i'r llythyr a'r apwyntiad ddod, a bu bron flwyddyn cyn y daeth o'r diwedd yn gymysg â'r cardiau Nadolig. Aeth i mewn ar y 15fed o Ionawr 1975, a deg diwrnod wedyn cafodd y llawdriniaeth. Bu'n llwyddiant mawr.

Daeth adref yn ddi-boen yn ei chlun, er bod y graith hir ychydig yn ddolurus, ond roedd hyn i'w ddisgwyl. Cafodd ddwy ffon i'w defnyddio hyd nes bod y cloffni wedi'i gadael yn llwyr; nid oedd i fod defnyddio ffyn baglau. Ymhen rhai wythnosau, roedd yn cerdded yn dda a'r glun yn ddi-boen – rhywbeth nad oedd wedi'i brofi ers blynyddoedd.

Symudodd y banc nhw i'r Fenni yn 1975, ac i Landrillo yn Rhos yn 1977. Rwy'n siŵr nad oedd yr holl symud yn beth da i Janet, ond dyna fel mae'r banciau yn gweithio. Mae wyth o symudiadau mewn oes waith yn fy marn i'n ormodol, yn enwedig pan nad yw'r wraig yn holliach. Mae'n annheg â'r gwragedd a'r plant sy'n newid ysgol mor aml gan fod sefydlogrwydd yn rhan fawr o fagwraeth pob teulu ifanc.

Cafodd Janet drwbwl gyda bron pob cymal dros y blynyddoedd,

ac erbyn 1992 roedd y glun chwith wedi gwaethygu i'r fath gyflwr fel bod rhaid cael un newydd. Aeth Janet â gwaith crefft gyda hi i ddifyrru'r amser, yn cynnwys ei glud cryfaf, superglue, ond pan welodd y llawfeddyg y glud dywedodd fod yn well ganddo ddefnyddio ei lud ei hunan ar gyfer y llawdriniaeth! Bu'r driniaeth yn llwyddiant unwaith eto.

Cafwyd triniaeth fawr ar y bigwrn de yn 1995, ac ysgwydd chwith newydd yn 1997. Un peth diddorol yw sylwi ar fysedd y ddwy law. Mae Janet yn gwisgo modrwy aur ar bob bys, nid er mwyn edrych yn wahanol i bawb arall, ond am ei bod yn teimlo eu bod yn gymorth i'r salwch yng nghymalau'r bysedd. Yn wir, mae'r bysedd sydd â modrwyon arnyn nhw ers y dechrau yn well na'r lleill. Pwy ddywedodd nad yw breichled fetel neu aur yn gallu bod yn gymorth yn achos crydcymalau?

Mae Janet wedi cael 15 triniaeth lawfeddygol dros y blynyddoedd. Mae'n berson deinamig, a bu'n weithgar iawn dros 'ARC' (*Arthritis Research Council*), ac mae wedi casglu dros £100,000 ei hunan i'r achos a chael Medal Aur am ei gwaith.

Does dim amheuaeth mai ei hymdrech fwyaf arwrol oedd cymryd rhan ym Marathon Llundain yn 2001 gan wneud rhwng 4 a 5 milltir y dydd, a'i gorffen, er iddi gymryd chwe diwrnod. Meddyliwch, gwraig 57 oed, wedi cael 15 triniaeth lawfeddygol, yn cynnwys dwy glun newydd, yn cerdded dros 26 milltir mewn chwe diwrnod. Pan welodd ei meddyg teulu ei llun yn y papur wedi gorffen y daith, aeth i'w thŷ a gofyn pwy oedd wedi rhoddi hawl iddi wneud sut beth gan na ofynnodd neb iddo ef!

Mae clun dde Janet nawr yn 3l oed, ac mae hi'n dra diolchgar na roddais ganiatâd i'r llawfeddygon uno'r esgyrn, fel na fyddai'n gallu symud y cymal. Mae wedi gallu gwneud popeth roedd hi eisiau ei wneud a chael y plant heb drafferth. Mae ei bywyd yn llawn, yn wir yn orlawn. Gwyn ei byd!

YMARFER HYPNOSIS – RHYFEDDOD SWYNGWSG

DOES DIM AMHEUAETH MAI un o'r pethau oedd yn apelio ata i mewn gwaith meddyg teulu oedd yr amrywiaeth. Doedd dim un claf 'run fath â'r llall, er eu bod efallai yn dioddef o'r un salwch. Roedd gan bawb ei bersonoliaeth wahanol, cefndir, gwaith, oed, rhyw, cyfansoddiad ac yn y blaen. Rhaid oedd bod â storfa o arfau, fel petai, i ymosod ar yr holl wahaniaethau, gan gynnwys cyffuriau, eli, balm, moddion a hyd yn oed cyllell i agor cornwydydd a phethau felly. Ond, mae un arf sydd o'r diwedd yn cael ei dderbyn fel triniaeth gyfreithlon gan y byd meddygol, ar ôl cael ei esgeuluso am amser hir, sef swyngwsg neu Hypnosis.

Byddai'n anodd cael pwnc mwy dadleuol trwy droeon ei hanes. Yn anffodus, oherwydd bod meddygon wedi'i wrthod fel triniaeth, aeth i ddwylo amaturiaid a chael enw gwael. Ond newidiodd y farn gyhoeddus a meddygol yn y pumdegau. Ym 1952 daeth Deddf Hypnotiaeth, ac fe achosodd honno leihad yn nifer y perfformiadau ar lwyfannau.

Yr ail ddigwyddiad pwysig oedd ym 1953, pan ddaeth Cymdeithas Feddygol Prydain i'r casgliad fod hypnosis yn ddefnyddiol i drin llawer o ddoluriau, ac y gallai fod yn dda i ladd poen ac yn anesthetig mewn llawfeddygaeth, deintyddiaeth, obstetreg a meysydd eraill. Dylid ei ddysgu i fyfyrwyr Colegau Meddygol, a gwneud gwaith ymchwil i'w ddefnyddio ym maes Seiciatreg. Gwnaeth hyn les mawr i alluogi hypnosis ddod yn dderbyniol i bawb a oedd eisiau ei ddefnyddio neu gael triniaeth.

Wel, beth yw hypnosis? Yn y gwraidd, cyflwr meddyliol

arbennig yw hypnosis, wedi'i greu mewn un person gan berson arall. Mae'n stad feddyliol lle mae awgrymiadau yn cael eu derbyn yn fwy parod, ac yn fwy pwerus, na phan fydd person ar ddihun. Hynny yw, dan ddylanwad hypnosis mae person yn fwy parod i gredu neu gael ei ddylanwadu gan awgrym gan rywun arall.

Rwy'n siŵr y byddech chi'n synnu mor rhwydd yw annog person i'r stad hypnotig. Fe ddysgais i grefft hypnosis yng Ngholeg Caerdydd tua 1981. Daeth hysbyseb fod cwrs penwythnos gan un o gymdeithasau hypnosis meddygol Prydain, ac yn addo y byddwn yn fedrus yn y grefft ar ôl gorffen y cwrs. Ar ôl meddwl am ddysgu am y pwnc ers blynyddoedd, daeth y cyfle. Roedd 60 yno yn dysgu, meddygon, deintyddion, seicolegwyr ac yn y blaen, a gwych oedd eu cyfarfod. Dysgu'r theori ar y Sadwrn, yna ar y Sul, paru ag un o'r lleill, a rhoi cynnig arni. Bu'r dysgu'n llwyddiant, a dyma ddechrau fy ymhél i â hypnosis.

Fore Llun, pan ddes i i'r feddygfa, fe ddywedais hanes y penwythnos, a dyma un o'r merched yn y dderbynfa yn dweud yr hoffai hi fod y cyntaf imi ei helpu gan ei bod eisiau gorffen smygu. Pam Jones yw ei henw, a bu'n gweithio gyda fi am dros ugain mlynedd. Roedd hi tua 45 oed ar y pryd, ac yn smygu 20 sigarét y dydd. Roedd dwy ferch ganddi yn yr ysgol, ac roedd wedi cael ysgariad ac mewn gwirionedd doedd hi ddim yn gallu fforddio'r arfer drwg. Dyma her, a phawb yn gwybod fy mod yn mynd i dreio, ac os byddwn i'n methu, fyddai hi ddim yn hawdd byw gyda sylwadau'r merched eraill!

Wedi iddi orffen gwaith un prynhawn, fe aethon ni i ystafell ddistaw, a dechrau arni. Rhaid oedd bod yn broffesiynol, gan fy mod yn ei hadnabod yn dda. Fe wnaeth ganolbwyntio ei sylw heb un trafferth ac fe aeth i swyngwsg mewn eiliadau. Rhaid oedd dyfnhau'r cwsg yn y ffordd roeddwn i wedi'i ddysgu, ac yna, er ei bod yn 'cysgu', roedd yn gallu clywed popeth, ac fe allai wneud unrhyw beth y gofynnwn iddi. Dywedais wrthi'r cyfan oedd eisiau i'w galluogi i orffen smygu, ac yna, dod â hi 'nôl o'i swyn gwsg. Cymerodd y cyfan ryw ddeg munud, ac roedd hi'n falch iawn. Dywedais y cymerai ddwy neu dair sesiwn arall. Aeth lawr o smygu 20 i smygu dwy neu dair y dydd, ac i orffen y driniaeth, cafwyd dwy sesiwn arall. Ers hynny dyw hi ddim wedi smygu'r un sigarét. Roedd hi wedi bod yn dioddef o beswch a broncitis cyn dechrau'r driniaeth hypnosis, ond ddim ers hynny. Pan welais i hi'n ddiweddar dywedodd ei bod wedi arbed tua £10,000 o bunnoedd drwy orffen smygu, ac roedd yn dra diolchgar.

Mae hypnosis yn rhwydd iawn i'w wneud gyda merched yn eu harddegau. Daeth merch 13 oed i'r feddygfa gyda'i mam, yn tisian, neu 'trwshal' yn nhafodiaith Ceredigion. Byddai hyn yn digwydd bob rhyw ugain eiliad, ac roedd y tisian wedi dechrau yn labordy cemeg Ysgol Howells, Caerdydd, pan oedd yr athro yn dangos y ffordd i wneud clorin. Fel y gwyddoch, mae arogl cas gan glorin, ac roedd hi yn eistedd yn y tu blaen lle roedd y crynhoad mwyaf. Efallai fod mwy o glorin nag a ddylai wedi mynd i mewn i'w ffroenau a dechreuodd disian.

Wedi mynd adref fel arfer, rhaid oedd i'r fam ffonio i gael cyngor a gofynnais iddyn nhw ddod i ymgynghori, er nad oedd gennyf amgyffred beth i'w wneud. Pan oedd yn fy stafell, daeth y syniad o hypnosis; ni allai wneud niwed. Daeth y fam gyda ni i'r ystafell fach, gorweddodd y ferch ar y cowtsh, ac o fewn eiliadau, roedd hi'n cysgu'n drwm. Fe fues i'n siarad â hi ac awgrymu iddi y byddai'r cyfan yn iawn pan ddihunai ac y byddai'r tisian wedi diflannu. Fe ddes i â hi 'nôl yn effro eto, ac er mawr lawenydd iddi doedd hi ddim yn tisian o gwbwl, a ffwrdd â'r ddwy adref!

Roeddwn yn siop Marks a Spencer, Stryd y Frenhines, Caerdydd, brynhawn trannoeth, ac mae'n lle mawr, y llawr isaf tua chanllath o hyd. Fe es i mewn trwy ddrws y ffrynt a dyma waedd o rywle – "Dr Elias, Dr Elias, mae hi wedi gwella!" Rhedodd y ferch ata i a rhoi cofleidiad mawr i fi, a daeth y fam ar ei hôl â chusan; roedden nhw mor falch fod y driniaeth mor llwyddiannus a rhwydd i'w wneud. Doeddwn i ddim wedi cael sut groeso mewn siop erioed o'r blaen. Yn wir, teimlwn yn swil, ond roedd yn deimlad hapus i gael gwerthfawrogiad y fam a'r ferch!

Dyw hypnosis, fodd bynnag, ddim yn llwyddiant bob amser. Roedd cyfarfod yng Nghlwb Cymdeithasol Cogan un noson yn y gaeaf yn yr wythdegau. Tipyn o alcohol yn cael ei yfed, a physgod a sglodion i'w bwyta. Ynghanol y sgwrsio, yr yfed a'r bwyta, aeth un o'r sglodion yn sownd yng nghorn gwddf un o'r menywod. Methodd ei gael allan a bu farw yn y fan a'r lle. Roedd yn ddigwyddiad trychinebus, ac fe gafodd effaith ar bawb, a'i ffrind gorau, oedd yn eistedd nesaf ati, oedd waethaf.

Fel mae'n digwydd, un o deulu mawr yn Cogan roeddwn wedi bod yn gofalu amdanyn nhw am dros ugain mlynedd oedd y ffrind. Cafodd effaith ddifrifol ar ei meddwl. Roedd yn methu llyncu am ddyddiau. Yfai ddŵr yn unig ac roedd yn methu bwyta dim byd solet – dim ond bwyd hylif. Aeth hyn ymlaen am flynyddoedd er iddi weld Seicolegwyr ac Arbenigwyr o bob math, a mentrais gynnig hypnosis iddi.

Aeth i gysgu'n weddol rwydd, a llwyddais i ddyfnhau'r cwsg heb ffwdan, ond, er treio popeth, chefais i ddim llwyddiant. Cafodd ddwy sesiwn, ond rhaid oedd rhoi'r gorau i'r ymdrech. Credaf fod y sioc wedi bod yn rhy ddifrifol i mi ei gwella, ac, efallai fod gormod o amser wedi mynd heibio rhwng y digwyddiad a'r ymdrech a wnes i i ddefnyddio hypnosis.

Mae'n dda gennyf ddweud fod amser wedi gwella'r ferch, er iddi gymryd dros ddeng mlynedd. Yn ystod y deng mlynedd hynny methodd fwyta dim bwyd 'caled' o gwbl – dim ond bwyd hylif. Mae erbyn hyn yn llyncu popeth, hyd yn oed sglodion!

Fe fyddai pobl yn dod i'r tŷ ata i i gael hypnosis oedd ddim ar fy rhestr, ac roedd yn rhaid i mi eu derbyn am fy mod yn aelod o'r Gymdeithas Hypnosis. Fe ddaeth gŵr a gwraig o'r Rhondda i'r tŷ un noson. Roedd hi eisiau stopio smygu. Dywedodd ef na allai unrhyw un ei hypnoteiddio ef ac nad oedd pwrpas treio newid ei feddwl. Gofynnais a hoffai fy ngweld yn gweithio, ac eisteddodd ar y stôl tu ôl imi, ochr bellaf yr ystafell. Rhoddais y wraig i gysgu, ac yna gofyn iddi godi un fraich i fyny'n syth. Pan oeddwn yn canolbwyntio ar y wraig a'i braich yn dechrau codi heb i fi gyffwrdd â hi, edrychais y tu ôl i ddweud wrth y gŵr beth roeddwn yn ei wneud ac, er syndod mawr, roedd yn cysgu'n drwm, a'i fraich i fyny'n syth. Peidiwch byth â dweud ei bod yn amhosibl eich hypnoteiddio!

Cyn gorffen â'r pwnc, rhaid imi sôn am barti un noson yn nhŷ un o'm ffrindiau, yr Athro John Dodge. Roedd tri phlentyn gan fy nghyfaill, ac un' ohonyn nhw, Kate, yn 13 oed. Fe fuon ni'n siarad am hypnosis, a soniodd yr Athro fod Kate wedi cael problem yn yr ysgol pan oedd hi'n chwech oed. Roedd un o'r plant eraill wedi bod yn gas wrthi, er na chawsant wybod pwy oedd y plentyn hwnnw. Ers hynny roedd wedi bod yn anhapus ac yn cael hunllefau. Dywedais wrtho y gallwn wella'r ferch trwy hypnosis, ond doedd e ddim yn fy nghredu. Gofynnais a gawn i brofi'r peth, a rhoddodd ganiatâd. Yn wir, byddai'n falch pe gallwn wneud gan fod y peth wedi bod ar feddwl ei ferch byth ers hynny.

Mae merch o'r oed yma yn rhwydd iawn i'w hypnoteiddio. Aeth i gysgu, a phawb yn edrych yn syn. Yna, rhaid oedd dyfnhau'r cwsg, a dweud wrthi ei bod yn mynd 'nôl mewn amser i 12, 11, 10 oed ac yn y blaen, hyd nes cyrraedd 6 oed. Roeddwn yn siarad â hi, a pharablodd fel merch chwech oed. Yna, rhoddais bapur ysgrifennu a phensil o'i blaen, a gofynnais iddi ysgrifennu ei henw. Fe wnaeth, yn gywir fel y gwnâi pan oedd yn 6 oed, y llythrennau heb uno â'i gilydd. Dywedodd pwy oedd yn eistedd nesaf ati yn y dosbarth. Roedd y rhieni wedi anghofio enw'r ferch erbyn hynny, ond yn cofio pan enwodd eu merch hi. Soniais am y ferch oedd yn achosi'r trwbl, daeth Kate yn aflonydd ac yn gyffro i gyd, ac roedd yn amlwg fod y digwyddiad yng nghefn ei meddwl o hyd. Enwodd hi'r ferch fu'n gas wrthi, a chawsom yr holl stori. Diflannodd yr aflonyddwch. Rhaid oedd wedyn ei heneiddio yn flynyddol yn raddol fesul blwyddyn nes ei bod yn ôl i 13 oed, a oedd yn cymryd rhyw funud, ac yna ei dihuno yn ferch hapus. Diddorol oedd clywed oddi wrth y rhieni wedyn fod y ferch wedi bod llawer yn hapusach ar ôl hyn a ddim yn cael hunllefau bellach.

Gobeithio fod y profiadau hyn o fyd hypnosis wedi eich perswadio fod lle iddo yn y byd meddygol. Nid rhywbeth i chwerthin ar ei ben ar lwyfan yw e, ac os bydd eisiau triniaeth arnoch i ddoluriau sy'n ymateb iddo, ewch yn galonnog. Does dim eisiau cyffuriau ar gyfer y driniaeth, ac mae'n llwyddiannus yn y dwylo iawn. Dylai rhagor o feddygon ddysgu bod yn hyddysg yn y pwnc.

EWTHANASIA

MAE DAU BEN I bob llinyn, ac felly bywyd. Rwyf wedi sôn dipyn am drosglwyddo parseli o lawenydd i'r teulu. Cynorthwyo gyda'r daith gyntaf a'r fwyaf peryglus, taith o ddim ond rhyw droedfedd o'r groth i'r awyr iach. Os oedd anhawster gyda'r geni roedd rheolau pendant ar sut i weithredu a byddwn yn eu dilyn.

Ond hoffwn sôn am y pen arall – marwolaeth. Does dim canllawiau i'r meddyg ac mae'n rhaid i mi gyfaddef na chefais yr un ddarlith ar y pwnc yn yr Ysgol Feddygol. Nid yw arbenigwyr yn gweld proses profedigaeth yn ei chyfanrwydd, a'r meddyg teulu sy'n delio â'r peth fwyaf. Pan ddes i i adnabod pobol fel ffrindiau yn ogystal ag fel cleifion, daeth llawer o ddolur i'm calon. Rhaid oedd meddwl am y claf, y teulu a'r nyrsys oedd yn edrych ar ôl y cleifion oedd yn derfynol wael.

Y profiad cyntaf a gefais i o'r ochr yma o feddygaeth oedd pan oeddwn yn fyfyriwr yn Ysbyty Caerdydd ac yn dysgu dan gyfarwyddyd llawfeddyg, Cymro Cymraeg o'r gogledd.

Fe es i i'r theatr i'w weld yn gwneud llawdriniaeth. Roedd y claf yn dioddef o gancr y gwddf ac yn dioddef poen difrifol. Fe welodd y llawfeddyg fod y cancr wedi ymledu i'r benglog ac nad oedd dim gobaith ei helpu. Caeodd y clwyf roedd wedi'i agor ac nid anghofiaf ei eiriau wrth ei Registrar, "Peidiwch â gadael iddo ddihuno." Roedd y llawfeddyg tua thrigain oed bryd hynny ac wedi treulio'i oes yn y gwaith ac wedi gweld cymaint.

Ugain oed oeddwn i, ond daeth cwestiynau i'm meddwl hyd yn oed bryd hynny, sef a oedd y llawfeddyg yn gwneud gweithred garedig i laesu poen y claf ynteu a oedd yn ei ladd? Mae'r dilema wedi fy nilyn ar hyd y blynyddoedd, gan fod meddyg eisiau gwneud ei orau i'r claf ac i'r teulu. Efallai fod meddyg yn caledu i raddau i boen, ond fyth yn caledu digon i fod yn ddiemosiwn mewn amgylchiadau fel hyn. Mae hen ffrindiau yn gofyn i fi o hyd, er i mi ymddeol ers dros 13 mlynedd bellach, a oedd un doctor arbennig yn tueddu i roi gormod o gyffur mewn amgylchiadau lle roedd claf mewn poen difrifol ac yn dyheu am farw? Ddweda i ddim.

Mae dau amgylchiad personol a gofiaf yn dda. Y cyntaf, gwraig 70 oed yn byw ym Mryste ac yn dioddef o lewcemia. Doedd dim triniaeth ar gael yr adeg hynny. Roedd ei chwaer, nyrs, yn byw ym Mhenarth, ac ar fy rhestr, er na fyddai byth yn dod i'm gweld. Er na welsai'r ddwy chwaer ei gilydd lawer yn ystod eu hoes, teimlai'r nyrs y dylai ofyn i'w chwaer ddod i fyw ati am weddill ei hoes a gofalu amdani. Felly y bu.

Wedi tri mis daeth galwad i'r tŷ cyn saith y nos. Ffwrdd â mi, a dywedodd y nyrs fod ei chwaer yn ddifrifol wael, ei bod wedi cael digon ar fyw wrth fod yn y gwely drwy'r amser, a'i bod yn teimlo'n euog ei bod wedi creu gymaint o waith iddi hi.

Fe es i i'r stafell wely, ac yno roedd y claf mor wyn ag eira, bron yn methu â siarad ond yn ymwybodol o bopeth a'i synhwyrau'n berffaith. Wedi siarad â hi am amser hir, doeddwn i ddim yn siŵr p'un ai'r claf oedd eisiau gorffen ei bywyd, ynteu'r chwaer oedd yn gofalu amdani oedd wedi cael digon. Fyddai'r claf ddim wedi byw mwy na rhai dyddiau, ond roedd wedi dod yn argyfwng; felly, a ddylwn i ymyrryd?

Roedd tri ateb amlwg i'r broblem. Yn gyntaf, rhoi tabled cysgu iddi a dod 'nôl fore trannoeth. Yn ail, chwistrelliad o forffin a fyddai'n ddigon iddi gysgu ac i dawelu'r meddwl, ond ddim digon i'w lladd. A'r trydydd, rhoi chwistrelliad morffin a fyddai'n ddigon i'w lladd. Pe byddai 100 o feddygon teulu wedi wynebu'r broblem, diddorol fyddai clywed pa un o'r tri y bydden nhw'n ei ddewis.

Y llall, achos a ddigwyddodd wedi i mi ymddeol a'r teulu yn arfer bod dan fy ngofal ym Mhenarth. Dyn 50 oed oedd hwn gyda salwch ar y brif system nerfol, ac yn methu symud ei hunan ond yr oedd ei ymennydd yn glir. Roedd yn dioddef o iselder ysbryd yn ogystal â'i ddolur corfforol, ond roedd pob triniaeth gwrth-iselder wedi methu. Bu mewn ysbyty oedd yn derbyn cleifion am amser hir, ond roedd wedi cael digon ar fod yno, a chredaf eu bod nhw wedi cael digon arno ef.

Roedd y dyn am farw a'i ddymuniad oedd cael cymorth i wneud hynny, ond doedd dim hawl gan y meddygon i'w helpu i farw am nad yw cyfraith gwlad yn caniatáu ewthanasia. Y peth nesaf a glywais i oedd ei fod wedi mynd i'r Iseldiroedd. Yno, pan mae dau feddyg yn cytuno, gall un ohonyn nhw chwistrellu cyffur i gorff y claf a therfynu ei fywyd, megis milfeddyg gydag anifail. Fe wnaethon nhw roi terfyn ar ei fywyd.

A ddylen ni newid y gyfraith? Fe ddaw newid debyg iawn, fel y digwyddodd gyda Deddf Erthylu. Tan hynny, rhaid i feddygon gadw o fewn terfynau'r gyfraith a chadw allan o garcharau'r wlad.

Beth wnes i â'r wraig oedd yn dioddef o lewcemia? Cerdded lawr y ffordd ganol, a rhoi digon o gyffur iddi i gysgu. A mynd 'nôl i'w gweld fore trannoeth a hithau'n fyw, ac i ni i gyd gael amser i ailfeddwl – a minnau wedi cysgu'n gysurus.

Rwyf wedi troedio strydoedd Penarth yn fy meddwl ers dechrau'r bennod yma, ac mae bron 20 o bobl yn dod i'r cof oedd wedi gofyn i mi am gymorth i groesi'r afon pan oedden nhw ar eu gwely angau. Roedd pob un ohonyn nhw'n wahanol, y salwch a'r amgylchiadau. Yr hyn yr arferwn i ei wneud oedd eistedd ar ochr eu gwely a siarad, am awr os oedd eisiau, efallai mwy. Nid dim ond y poen corfforol oedd yn sail i'w cais am farw ond y poen meddyliol hefyd, a llawer ag iselder difrifol, a hynny'n ddealladwy. Roedd y berthynas rhwng gŵr a gwraig yn bwysig iawn, neu efallai rhwng dau bartner neu ddwy bartneres. Gwelais, os oedd cariad dwfn yn parhau i'r diwedd, a bod pob eiliad yn bwysig yna ni fyddai'r bobl hynny byth yn gofyn am chwistrelliad marwol.

PWYSIGRWYDD DIDDORDEBAU

MAE MWYNHAU HAMDDEN YN hanfodol i iechyd meddwl dyn. Y peth pwysicaf ynglŷn â diddordebau yw eu bod yn mynd â'ch meddwl yn gyfan gwbwl oddi wrth eich gwaith a'ch problemau. Efallai eich bod yn teimlo y byddai gorffwys a gwneud dim byd yn well i'r ymennydd, ond y duedd bryd hynny yw meddylu, sef y meddwl yn troi yn ei unfan ac mae hyn yn creu gofid.

Y diddordebau sy'n fy ngalluogi i ymlacio'n llwyr ac anghofio problemau a phryder gwaith yw pysgota, garddio, cerddoriaeth, golff ac arlunio.

Pysgota

Dywed yr enwog Gareth Edwards ei fod wedi cael mwy o bleser yn dal eog da na sgorio cais ym Mharc yr Arfau! Cefais y pleser a'r fraint o fod yno yn 1971 pan sgoriodd ei gais bythgofiadwy dros y Barbariaid yn erbyn tîm anorchfygol y Crysau Duon o Seland Newydd. Personol yw'r teimladau hyn, ond maen nhw'n disgrifio'r pleser a ddaw i bysgotwr ar lan yr afon.

Y sôn cyntaf a glywais am ddal brithyll oedd gan fy nhad ac eraill o blant Glanhirwen wrth iddynt adrodd am oglais y pysgodyn bach yn yr afon a lifai trwy'r tir. Diddorol oedd clywed am y dechneg o roi'r llaw, a'r gledr i lawr yn araf ar y dŵr a'i chadw yno hyd nes deuai gwres y llaw'r un â dŵr yr afon. Yn aml deuai'r brithyll i deimlo'r gwrthrych dieithr, a hawdd byddai ei ddal. Os na ddeuai i fyny, rhaid oedd rhoi'r llaw i lawr gydag ochr yr afon a theimlo'r pysgodyn.

Amheus oeddwn i o'r cyfan hyd nes gweld meibion Felin

Pwllcornol yn perfformio ar lan Cwerchyr ac yn dod â deg o bysgod i'r lan. Afon yw Cwerchyr sy'n llifo o Faesllyn trwy Aberbanc a lawr am afon Teifi. Yma y byddwn yn mwynhau'r pleserau pan oeddwn i'n ifanc. Rhyw ddwy lath o led oedd hi a rhaid oedd cael glaw trwm cyn bod yn llwyddiannus.

Byddai dŵr yr afon yn troi'n llwyd ar ôl glaw a rhaid oedd cael mwydyn ar fachyn yn hongian o wialen fach tua llathed o hyd. Byddai fy ffrind Ricey a finnau yn treulio oriau wrthi ac yn anghofio popeth. Cafwyd prynhawn da un tro, un brithyll yn 13 owns, a'r llall yn 10 owns. Adref â nhw, ond roedd modryb o'i chof am na wyddai beth fu'n ein cadw cyhyd. Roeddwn i wedi meddwl y byddai hi'n falch ac y byddem yn bwyta'r pysgod ond roedd hi mor grac fel na fynnai hi ddim. Fe es i â'r ddau frithyll lawr i Landysul trannoeth a'r diweddar David Lewis o'r siop gig ger y bont yn rhoi hanner coron i fi amdanyn nhw. Rwy'n siŵr na fyddai wedi eu prynu oni bai fy mod i yn yr un dosbarth â'i frawd lleiaf yn yr Ysgol Ramadeg!

Ar ein ffordd adref o'r afon fe fyddai eisiau bwyd yn ofnadwy arnon ni ac roedden ni'n gwybod y byddai'r pobydd yn dod â'i fan fara ac yn gadael byns mewn buddai ar waelod lôn yr Abar. Codi clawr ac yno roedd chwe bynen hyfryd. Rhaid imi gyfaddef i ni gael tair yr un ond, chwarae teg, fe roddon ni arian yn y fuddai i dalu am y wledd! Dyma'r tro cyntaf i'r stori wir gael golau dydd!

Wrth dyfu a chlywed am bysgod mwy − yr eog, brenin y cyfan − fe ymunais â Chlwb Pysgota Llandysul. Roedd y Clwb yn berchen ar ugain milltir o afon Teifi. Rwy'n cofio i mi fynd yno'r tro cyntaf adeg y Pasg a'r ddau fab gennyf, tua wyth a deg oed bryd hynny. Rhaid oedd cael trwydded yn siop sgidiau Sarjant Jones. Methu dal dim hyd bump o'r gloch ac wedi bod wrthi am dair awr. Ond cafwyd plwc da o'r diwedd ym Mhwll Jac, yn agos i hewl Abercerdin.

Er nad oeddwn wedi dal eog o'r blaen, roedd yn amlwg fod un go dda ar ben draw'r lein tuag ugain llath i lawr yr afon.

Daeth i dir yn weddol rwydd er mawr syndod i mi, un ffres wyth pwys. 'Nôl i ddangos i'r Sarjant a hwnnw'n methu credu gan nad oedd neb arall wedi dal y diwrnod hwnnw. Dangosodd i fi'r llau ar groen yr eog oedd yn profi ei fod newydd ddod o'r môr; mae'r llau yn marw o fewn tridiau mewn dŵr afon. Roedd fy eog cyntaf wedi'i ddal, a finnau wedi fy machu am oes. Wedi deugain mlynedd caf yr un cynnwrf heddiw ar lan yr afon.

Roeddwn yn edrych ar ôl gwraig naw deg oed yng nghartref yr henoed ym Mhenarth yn yr wythdegau. Daeth ei mab i'm gweld pan oedd yn gwaethygu, ac roedd yn berchen ar y filltir orau ar afon Wysg, ar dir fferm Pantygoytre, tua thair milltir yn is na'r Fenni. Cefais wahoddiad ganddo i fynd gydag e i bysgota. Doedd dim eisiau gofyn ddwywaith, ac rydyn ni'n cael diwrnodau hyfryd yng nghwmni ein gilydd byth oddi ar hynny. Erbyn hyn rwy i wedi dal llawer o eogiaid, y mwyaf yn 15 pwys. Dewch gyda fi i ail-fyw'r ddrama!

Un prynhawn sych un hwyr o haf, daeth galwad ffôn i mi fynd gyda'r gŵr i bysgota. Cyrraedd yr afon cyn chwech. Roedd hi'n gymylog, a phenderfynais ganolbwyntio ar y tri phwll gorau. Fel y dylai pob bonheddwr ei wneud, gadawodd Bill i'w westai fynd yn gyntaf. Pluen oedd yr abwyd cyntaf, a threio pob llathed o'r pwll. Dim lwc, yna newid y wialen a defnyddio crothell. Dim lwc eto. Yr un fath yn yr ail.

Yna ymlaen i'r trydydd a'r olaf, a oedd ar waelod ei dir, a dyma'r pwll gorau, tua trigain llath o hyd, deugain o led, a'i ddyfnder yn naw troedfedd. Byddai'n dywyll ymhen awr a dim golau lleuad. I lawr trwy'r dŵr â'r bluen, dim byd. Yna defnyddio'r grothell, darn o fetel fel bwled, dwy fodfedd o hyd a bachyn wrtho. "Canolbwyntia!" daeth y waedd oddi wrth Bill pan welodd fi'n blino. Taflu'r abwyd i'r ochr draw a dechrau gwangalonni, ond, yn sydyn, dyma'r plwc mwyaf erioed ar y lein, fel tarw yn treio'i rhyddhau ei hunan! Erbyn hynny roedd yn amlwg mai eog mawr oedd yn tynnu'r lein.

Un peth oedd ei fachu, peth arall oedd ei gael i'r lan. Rhaid oedd ei wanhau yn gyntaf, a bûm yn tynnu am chwarter awr, ond gorwedd yn llonydd heb fawr o gyffro a wnâi'r eog, er ei fod wedi'i fachu. Yna'n sydyn, sgrech fawr ar y lein o'r rilen. Dala mor dynn ag y gallwn; roedd y pysgodyn wedi codi o'i wâl ac yn treio bolltio i'r ochr draw. Yna, cododd o'r dŵr gyda rhyw naid anferth a gwelais ei faint bryd hynny. Roedd y cylchoedd ar yr wyneb yn cyrraedd y Fenni! Y galon yn awr yn curo'n gyflym a'r dwylo'n crynu. Ar ôl hanner awr, daeth o fewn pymtheg llath, ac roedd fy rhwyd yn barod. Ond cafodd ryw nerth o rywle ac aeth am ei rediad olaf. Daeth i mewn yn weddol rwydd wedyn a chafwyd ef yn y rhwyd pan oedd hi bron yn dywyll! Bill yn curo dwylo, minnau fel clwtyn gwlyb, yn chwys drabŵd!

Lan ag ef i'r cae. Roedd yn 15 pwys, o liw arian a phedair lleuen ar ei groen. Adref â'r wobr, a thrannoeth ei dorri'n ddarnau, gan ofalu rhoi dwy sleisen go dda i'm ffrind. Bu Bill yn dal dros gant o eogiaid bob blwyddyn hyd 1990, ac fe gafodd ei lun yn y Western Mail. Mae nifer y pysgod wedi lleihau nawr oherwydd bod cymaint o botsian, ac mae'n lwcus os llwydda i ddal pump mewn blwyddyn erbyn hyn. Un a gefais i'r llynedd, a phum pwys oedd hwnnw.

Cofiaf sôn am fy llwyddiant ar y Cwerchyr wrth un o'm ffrindiau yn yr ysgol a hwnnw'n holi, "A oedd past gyda ti?" Dyna'r cyntaf i mi glywed am yr abwyd yma, ond yn fuan dysgais fwy amdano. Gwneir ef o wyau eog, y fenyw wrth gwrs, ac mae dau fath. Naill ai defnyddio'r wyau fel y maen nhw, ac un ar y bachyn, neu dwymo'r wyau mewn sosban megis gwneud jam ffrwythau a'u troi â llwy bren hyd nes eu bod fel past. Yna eu rhoi mewn pot a chlawr arno. Rhaid imi gyfaddef imi gael pot bach gan gefnder un tro, a llwyddiant mawr a fu. Rhwbio'r bachyn yn y past gyntaf, yna mwydyn bach a lawr i'r dŵr ac rwyf wedi gweld y pwll yn berwi gan brysurdeb y brithyllod. Mae'n annheg ac yn anghyfreithlon ac yn groes i reddf y gwir bysgotwr.

Cofiaf un olygfa drist ar lan yr afon. Roedd pâr o elyrch ar afon Wysg yn nythu bob blwyddyn yn nes lawr na'r filltir roeddwn i'n pysgota arni. Mae elyrch yn paru am oes, ac un dydd gwelais olygfa nad anghofiaf fyth. Roedd yr iâr wedi ei gwenwyno â phlwm roedd pysgotwyr yn ei ddefnyddio. Roedd hi'n wan iawn a'i phen i lawr i'r dŵr a bron â boddi, ond roedd y gwryw'n ceisio dal pen yr iâr i fyny a'i chadw'n fyw. Daeth dagrau i'm llygaid. Gwelais y ceiliog flwyddyn wedyn, ar ei ben ei hun yn unig a diflas, ei blu wedi colli eu glendid a'u disgleirdeb. Dyna'r tro olaf i mi ei weld.

Garddio

Mae garddio yn debyg iawn i feddygaeth. Bydd planhigion yn dioddef o lawer o heintiau a rhaid dysgu sut mae eu hadnabod a'u trin. Efallai mai pla fel lleuen y dail (greenfly) fydd y salwch neu rywbeth yn y tir yn lladd y gwraidd. Efallai y bydd gwendid yn y maeth sydd yn y pridd fel diffyg haearn, fel gwynlasu mewn camellia. Bydd y driniaeth i wella'r afiechyd weithiau'n golygu defnyddio rhywbeth fydd yn wenwyn i blant neu bysgod a rhaid bod yn ofalus sut rydych chi'n defnyddio'r gwenwyn a lle rydych chi'n ei gadw. Dan glo yw'r lle gorau i gadw pob gwenwyn, oherwydd mae llawer plentyn wedi marw am fod tad o arddwr yn cadw ei wenwyn mewn potel bop.

Yr ardd yw'r lle gorau i blesio a bwydo'r pum synnwyr a roddwyd i ni. Yn gyntaf – gweld. Pwy all beidio synnu wrth graffu ar forder o wahanol flodau o bob lliw a llun mewn gardd fach neu wrth grwydro yng ngerddi'r plasau mawr fel Castell Powys neu Ardd Fotaneg Cymru ger Caerfyrddin? Rhaid meddwl, felly, am blanhigion sy'n denu ieir bach yr haf ac eraill, er enghraifft, ffarwel haf a choeden y gynffon las (*buddleia*). Beth am flwch i'r adar i nythu ynddo, neu eu bwydo â chnau neu hadau?

Yr ail yw arogl. Dywed ymchwil diweddar mai arogli yw synnwyr mwyaf emosiynol dyn a bod arogli ychydig o'ch hoff berarogl yn gallu codi'r hwyl bron yn union. Hanner gardd yw gardd heb arogl! Mae yna ddigon o blanhigion sy'n arogli'n bersawrus ac sy'n bleserus i'r trwyn – jasmin, lafant, rhosmari, lili, gamil ac eraill. Rai blynyddoedd yn ôl fe fues i yn Nyffryn y Brenhinoedd yn yr Aifft lle gwelais feddrod brenin a fu farw 2,600 o flynyddoedd cyn geni Crist. Wedi ei gerfio ar y mur roedd llun ei frenhines yn arogli blodyn. Dyma'r cofnod cyntaf o arogl y gwn i amdano. Mae'r Eifftiaid yn tyfu cannoedd o erwau o jasmin rai milltiroedd i'r de o Cairo. Maen nhw'n casglu'r petalau ac yn gwasgu'r olew allan ohonyn nhw er mwyn ei ddefnyddio mewn persawr gwerthfawr.

Erbyn heddiw gellir tynnu'r cemegau o'r blodau a'u creu yn y labordy. Rhoddir electroensalograph ar y pen a chewch gwahanol bersawr i'w harogli ac mae'r peiriant yn cofnodi pa arogl rydych chi'n ymateb orau iddo. Ar y ffordd allan gallwch brynu, os medrwch ei fforddio, botelaid o'ch hoff bersawr!

Yna dyna'r synnwyr clywed. Does dim byd tebyg i gân aderyn. Fy hoff gantor o blith yr adar yw'r fronfraith. A sŵn heb ei debyg wedyn yw sŵn dyfroedd. Pa well sŵn i ymlacio na sŵn dŵr ffynnon yn tarddu i fyny neu'n byrlymu'n dawel dros gerrig?

Wrth gwrs, os oes gyda chi ffrwythau a llysiau yn eich gardd dyna chi hefyd yn cael digon o flas.

Ac efallai mai'r synnwyr a roddodd lawer o bleser annisgwyl i mi oedd cyffwrdd. Un o'r pethau hyfrytaf a welais erioed oedd wyneb dyn dall wrth iddo deimlo rhisgl coed, y rhai anarferol fel *acer griseum, acer pensylvaticum* neu *acer serrula*.

Ydyw, mae garddio yn un o bleserau gorau bywyd. Ceir rhyw bleser newydd bob dydd, a phan ddaw henoed, hanner dwsin o botiau o gwmpas y tŷ – ac un dan y gwely!!

Fe ddysgais i bleserau garddio pan oeddwn yn grwt ifanc ar y fferm. Roedd gardd tua deugain llath sgwâr i'r fferm, ger y clos, a dŵr yn rhedeg gyda'i hochr o'r tarddiad tua chwarter milltir i ffwrdd a chwter wedi ei thorri i gario'r dŵr. Byddai'r achles yn dod mewn whilber o'r domen a dim ond chwys oedd eisiau i gael trefn ar "yr Eden fach". Byddai ymwelwyr, ffrindiau a chymdogion yn dod heibio gyda'r hwyr, a rhaid bob amser oedd dweud, "Dewch i weld yr ardd".

Pan oeddwn tua deg oed cefais lathen sgwâr i mi fy hunan, a dewiswyd letys i'w hau, rhywbeth na allai fethu. Hyfryd oedd gweld y rhychau bach yn llanw a chafwyd cnwd da dros ben.

Wedi gwasanaethu fy mhrentisiaeth, cefais y fraint o helpu gyda'r ardd fawr. Tato, cennin, betys, bresych, ffa a llysiau eraill. Roedd yno hefyd lawer o goed afalau sefydlog. Cofiaf un yn dda, am ei bod yn ffrwytho un hanner ar y tro am yn ail flwyddyn. Ni welais goeden debyg iddi byth wedyn.

Bu'r blynyddoedd yn y Coleg a'r gwaith yn ysbytai'r wlad yn rhai rhy brysur i feddwl am erddi, er ei bod yn bleser ymlacio ym Mharc y Bute ger Castell Caerdydd a gweld y coed a'r blodau ger afon Taf.

Symud i Benarth fel meddyg teulu a ddaeth â newid byd. Rhaid oedd cael tŷ ag ychydig o ardd. Ond wir, pan oeddwn yn ceisio gweithio ynddi, byddai'r ffôn yn mynd a rhywun yn sâl neu'r dyn drws nesaf yn edrych am glonc. Symudais i dŷ mwy o faint pan ddaeth y plant, ond yr un peth eto, cymdogion yn falch o weld y meddyg yn palu, a minnau yn mofyn heddwch a chilio o'r byd.

Wedi deng mlynedd a chynilo tipyn o arian, daeth y tŷ iawn, meddygon wedi byw ynddo o'm blaen am drigain mlynedd ac iddo ardd chwarter erw. Rhaid oedd ei brynu! Neb yn edrych dros y wal, dim angen siarad â'r cymdogion a hyfryd oedd cael dianc ar ôl treulio dyddiau neu wythnosau yn gofalu am y cleifion. Rhaid cael ymarfer corff mewn rhyw ffordd neu'i gilydd. Bu'r ardd yn gymorth mawr i ymlacio a hyd yn oed pan oeddwn ar alwad roeddwn yn gallu garddio a'r ffôn gerllaw, a'i ateb pan fyddai galw. Y meddwl wedi datgysylltu o'r cleifion i'r pridd, a theimlwn lawer gwell ar ôl amser yn yr awyr iach.

Daeth amser i gynllunio ffurf barhaol i'r tir, adeiladu tŷ gwydr i'r winwydden a sièd i ddal yr offer a'r potiau. Yna, patio yn wynebu'r de i gael yr haul, lawnt yn y canol i'r plant gael chwarae, un rhan i'r ffrwythau, un arall i'r llysiau a rhannau eraill i'r blodau. Ac felly mae'r ardd o hyd ar ôl pymtheg mlynedd ar hugain, a'r trueni mwyaf yw bod y tŷ bellach yn rhy fawr, a'r ardd yn gofyn am ormod o waith. Daeth yn bryd symud i le llai ei faint. Diwrnod diflas fydd mudo, ond wedi cael sut bleser, ni allaf achwyn.

Hwyl ar y cwrs golff

Does dim yn well i ymlacio na bod allan yn yr awyr agored yn chwarae golff. Rhaid oedd ymuno yn y cystadlaethau ac, un Sadwrn, wedi edrych ymlaen at y diwrnod a minnau ddim yn gweithio, fe ddaeth yn law mawr. Methwyd â chwarae golff, ond roedd yn broblem beth i'w wneud â'r cwpan mawr oedd i fod yn wobr i'r golffiwr buddugol ar y diwrnod.

Diwrnod i'r dynion ydoedd, a phenderfynwyd, wedi cyfarfod o'r pwyllgor, ac ambell beint o gwrw, y bydden ni'n cynnal cystadleuaeth 'Full Monty', a'r un â'r corff gorau fyddai'n ennill y cwpan! Cefais i fy newis i fod yn feirniad. Deuddeg oedd yn y gystadleuaeth. Dyn o'r enw Dai a enillodd y gystadleuaeth ac wedi iddo ddathlu bu'n rhaid ei roi mewn tacsi i fynd ag e adre. Roedd ei wraig yn y gwely pan aeth i mewn i'w dŷ. Aeth Dai â'r cwpan lan i'r llofft i ddangos i'w wraig. Cafodd hi dipyn o sioc o weld y cwpan gan y gwyddai nad oedd yn chwaraewr digon da i ennill unrhyw gystadleuaeth golff. Gofynnodd i Dai sut y gwnaeth e ennill y cwpan ac fe esboniodd Dai bopeth. Meddai ei wraig, "Gobeithio na wnest ti ddim dangos y cyfan i'r bobol yna!"

"Naddo," meddai Dai, "dim ond digon i ennill y cwpan!"

Cerddoriaeth

Mae cerddoriaeth wedi bod yn rhan fawr o fy mywyd i erioed. Y tro cynta i mi gael fy hudo a'm syfrdanu gan gerddoriaeth a chanu oedd gan bedwarawd o fechgyn lleol yng Nghapel Bwlch-y-groes, sef Alwyn Llethr, Dewi a Tom Cwmhyar a Brinley Castell. Maddeuwch am eu henwi fel yna, ond dyna'r ffordd yn y wlad, enw bedydd a'i ddilyn ag enw'r cartref. Ddiwedd ei oes daeth Brinley i ganolfan nyrsio ym Mhenarth lle bu druan am dros chwe blynedd ac fe fyddwn i'n mynd i'w weld bob pythefnos tan ei farw'n ddiweddar.

Daeth cyfle i wrando ar gerddoriaeth glasurol yng Nghaerdydd, yn Neuadd Dewi Sant, ac wedi hynny yng Nghanolfan y Mileniwm. Bu Syr Charles Mackerras, yr arweinydd enwog, dan fy ngofal am flynyddoedd, a byddai'n dod i'r feddygfa gyda ffonau clust am ei ben a cherddoriaeth ar ei gôl, gan ddweud dim wrth neb nes iddo ddod i mewn i'm hystafell.

Y pwysicaf a ddaeth oedd Bryn Terfel. Bu'n byw yn Nhŷ'r Rheilffordd ym Mhenarth am beth amser, ef a'i deulu, mewn tŷ ar ei ben ei hun, a gallai ganu faint a fynnai, fyddai neb yn ei glywed! Cofiaf amdano'n dod i'r feddygfa un prynhawn, tua thri o'r gloch. Roedd cyfrifiadur newydd gennyf, a heb godi fy mhen a heb imi droi rownd dywedais, *"Next please"*, a daeth gŵr i mewn. *"Name please"* meddwn eto heb godi fy mhen, a'r ateb oedd, "B T Jones". Pan edrychais, Bryn Terfel oedd yno! Pwy allai fod ond y dyn mawr, ie, mawr ei gorff a'i enwogrwydd, ond mor ostyngedig ei ymddygiad. Fel yna mae'r mwyaf. Pleser a braint fu gofalu amdano, y mwyaf o fas-faritoniaid y byd, a'r mwyaf hoffus. Mae wedi fy ngwefreiddio cymaint o weithiau.

Arlunio

Cefais bleser mawr ar hyd fy oes yn rhoi paent, naill ai olew neu ddyfrlliw, ar bapur neu gynfas. Dyma wir ddiddordeb. Dysgu fy hunan wnes i, er bod mynd i arddangosfeydd gan beintwyr yng Nghaerdydd wedi helpu. Dywed dihareb Tsieineaidd fod llun yn well na mil o eiriau, a hoffwn petai modd dangos i chi lun o'm gwaith, sef Bethan, merch John fy mhartner, a ddeuai yn ei thro i'm gweld yn ymarfer wedi imi ymddeol. "A wnewch chi lun ohona i?" gofynnodd, ac felly y bu.

Amryw Bethau

Ceg Llosg – y cysylltiad rhwng y meddwl a'r corff

Rwyf wedi sôn drwy'r llyfr am gysylltiad y meddwl a'r corff a'r modd mae'r naill yn dylanwadu ar y llall. Efallai nad oes well enghraifft o hyn na 'Syndrom Ceg Llosg'. Yn rhyfedd iawn, daeth dau berson gwahanol ataf i ymgynghori â mi am y cyflwr hwn ar ôl i mi ymddeol.

Y symptomau yw llosgi yn y geg – y tafod gan mwyaf, ond gall ymledu lan i'r trwyn ac i lawr i'r cylla. Wrth archwilio'r claf does dim byd anarferol i'w weld. Beth yw'r driniaeth ar gyfer Syndrom Ceg Llosg? Y gwir yw mai tarddu o iselder ysbryd y mae'r cyflwr. Mae straen ac argyfwng yn cyfrannu at y cyflwr. Y driniaeth yw cyffur gwrth-iselder neu foddion codi calon. Gall y cyflwr gymryd hyd at chwe mis i wella ond yn raddol mae'r llosgi'n lleihau ac yn diflannu. Felly os ydych yn dioddef o'r cyflwr hwn ewch â chopi o'r llyfr yma at eich meddyg!

Achub bywyd mewn gorsaf betrol

Y drafferth gyda bod yn feddyg yw nad ydych chi byth yn ymddeol ac mae rhywun neu rywbeth yn siŵr o sicrhau eich bod yn dal i ymarfer eich crefft. Roeddwn i wedi mynd i orsaf Tesco yn Cogan i gael petrol, ac wrth fynd i'r ciosg i dalu dyma rywun yn gweiddi arna i, "Dr Elias! Dr Elias! Dewch glou, mae dyn yn ddifrifol wael yn ei gar!"

Fe es i ato'n syth. Roeddwn yn ei adnabod gan ei fod wedi bod yn y practis gyda fi cyn i fi ymddeol. Roedd yn ddifrifol wael a'i galon yn curo 250 i'r funud, ac ni allai fyw'n hir ar y cyflymdra yna. Ffoniais 999 a gofyn am ddiffribrilwr. Daeth yr ambiwlans ymhen hanner awr, a llwyddais rywsut i'w gadw i anadlu yn y cyfamser. Yr hyn wnes i oedd ei godi fel bod rhan ucha'r corff ar ongl o 45 gradd a siarad yn gysurlon ag ef oherwydd mae panig yn gwneud i'r galon gyflymu. Felly, os byddwch yn yr argyfwng yma rhowch y claf yn y safle iawn a'i gysuro drwy ddweud fod popeth yn mynd i fod yn iawn. Roeddwn i'n falch iawn imi fedru ei gadw'n fyw gan mai dim ond 2 y cant sy'n byw ar ôl cael pwl fel hyn (*ventricular fibrillation*) pan nad ydynt eisoes mewn ysbyty.

Cefais sioc fawr o weld yn y *Penarth Times, Y Sun, Daily Mirror* ac ar y We hanes y cyfan a gwraig y dyn yn dweud mai gwyrth oedd fy mod i wedi bod yno y munudau hynny ac wedi llwyddo i'w gadw'n fyw! Ffoniodd Jac Elias, Eryl, Beulah, i ddweud fod yr hanes yn y *Sun* a finnau'n tynnu ei goes ei fod yn darllen y fath racsyn papur!

Clywodd y BBC am y stori, ac roeddwn i fyny yn y llofft pan welais ddyn â dau fag gydag e yn dod at y drws. Fe adnabyddais i e – gohebydd gyda'r cyfryngau. Cnoc ar y drws. Doeddwn i ddim eisiau rhagor o sylw diolch yn fawr, ac agorais ffenestr y llofft. Edrychais lawr, a gofynnodd "Dr Elias?" Atebais a dweud "Na", gan ychwanegu fy mod i'n byw yn hanner uchaf y tŷ, a Dr Elias yn byw ar y llawr gwaelod. Ychwanegais wedyn ei fod e'n dod o Geredigion, a'i fod wedi mynd lawr yno am wythnos!! Aeth â'i gwt rhwng ei goesau, ac ni chlywais ragor am y peth.

Fy mrodyr a'm chwaer

Bu cwlwm arbennig rhwng fy mrodyr a'm chwaer a fi er i mi gael fy magu ar wahân iddyn nhw.

Dyna i chi Hefin a oedd yn chwaraewr pêl-droed galluog iawn pan oedd e'n ifanc. Bu'n chwarae dros Aberystwyth yng Nghynghrair Cymru – a hynny ar brynhawniau Sadwrn ar ôl bod yn chwarae rygbi i Ysgol Ardwyn yn y bore! Roedd yn athletwr naturiol ac enillodd y Victor Ludorum am athletwr gorau'r ysgol, yn ogystal ag ennill pencampwriaeth y ras drawsgwlad dair blynedd yn olynol. Aeth i goleg enwog y LSE yn Llundain i astudio Economeg. Wedyn gradd anrhydedd dosbarth cyntaf mewn diwinyddiaeth ym Mangor. Yna, ennill ysgoloriaeth i Goleg Rhydychen lle bu am dair blynedd a phriodi Ceinwen. Fe'i penodwyd yn Bennaeth Astudiaethau Crefyddol ym Mhrifysgol Morgannwg ac mae'n dal i weinidogaethu.

Yna'r efeilliaid, Dyfed a Dilys. Fe fuodd Dyfed yn chwarae pêl-droed dros Gymru bedair gwaith dan bedair ar bymtheg oed. Fe gafodd wahoddiad i ymuno â chlwb pêl-droed Aston Villa yn y pumdegau, a chyrraedd yr ail dîm. Ond gwelodd nad oedd sicrwydd y pryd hynny, ac aeth i chwarae dros Henffordd, gan eu bod nhw'n gadael iddo astudio yn y coleg lleol yn rhan amser, a chafodd dri Lefel 'A' ymhen blwyddyn. Yna, aeth i Goleg Abertawe i wneud BA mewn Economeg a Hanes. Wedi graddio daeth Ron Greenwood, rheolwr West Ham, ar ei ôl, yn cynnig iddo chwarae'n llawn amser i'w dîm ef. Ond "Na" oedd ateb Dyfed, ac aeth yn athro ysgol yn swydd Essex a chwarae pêl-droed dros Romford. Yna 'nôl i Ysgol John Bright yn Llandudno, a dod yn gapten tîm enwog yr ardal y pryd hynny, sef Boro' United. Priododd ei wraig annwyl, Hazel, yn 1964.

Bu Dyfed yn chwaraewr y flwyddyn yn Henffordd, yr un peth ag yn Romford am ddwy flynedd, ac yna, pan aeth i Landudno, dewiswyd ef yn chwaraewr gorau gogledd Cymru. Mae'n dipyn o foi a'r anwylaf o bobl y byd.

Dilys fy chwaer a wnaeth i fi fynd ati i ddechrau meddwl am grynhoi fy atgofion at ei gilydd fel hyn. Daeth Dilys yma gyda dwy o'i ffrindiau ysgol. Un oedd Beti Dafis, mam Wyre, a ddaeth yn ohebydd gyda'r BBC, a Glenys, gwraig Sulwyn Thomas. Y llall oedd Mari Jones o Lanilar, nawr o Lanfaethlu, Ynys Môn. Fe fu'r tair yn cloncan drwy'r nos, yn wir clochdar fyddwn i'n ddweud, ond fe bwyson nhw arna i i sgrifennu hunangofiant – felly beiwch y tair hyn am y llyfr hwn.

Fel yr unig ferch roedd Dilys yn gorfod bwrw ati i helpu Mam a byddai'n cael y dasg o lanhau'r tŷ o'r to i'r llawr unwaith yr wythnos. Aeth i Goleg y Barri lle daeth dan ddylanwad Norah Isaac a chael llawer o gyfleon i actio yn y coleg ac wedi hynny. Yna bu'n dysgu ym Mirmingham lle cwrddodd â'i gŵr, Wil Parry Williams. Wedi symud i ogledd Cymru bu'n dysgu yn Llandudno a daeth yn Bennaeth Ysgol Asesu plant ag anghenion meddyliol a chorfforol. Bellach mae hi a Wil wedi ymddeol i Dregarth.

Fe gefais i'r profiad o weld gallu Dilys fel athrawes pan dreuliodd hanner awr wrth y piano gyda'm hwyres Rhian pan oedd hi'n saith oed a Rhian erioed wedi chwarae nodyn. Bob dydd ers hynny mae Rhian wedi mwynhau'r offeryn. Gwnaeth Dilys yr hyn y dylai pob athro ei wneud, sef cynnau fflam na ddiffydd byth.

Rwy'n ymfalchïo fod fy mrawd bach, Elwyn, wedi dringo i'r brig mewn meddygaeth, gan ddod yn arbenigwr byd-enwog. Mae ef ac Irene ei wraig newydd ddathlu eu priodas arian. Mae llawer un yn ddyledus i Elwyn am eu bywyd. Gorfu i Dai Griffiths, y cyfreithiwr galluog o Gastellnewydd Emlyn, fynd i Birmingham dan ei arolygiaeth. Rai misoedd wedyn aeth cefnder i mi, John Elias, i swyddfa Dai Griffiths i dalu am waith cyfreithiol, a gofyn, "Faint yw'r ddyled?" Ac meddai Dai Griffiths, "Dim byd, rwy'n ddyledus i'r teulu Elias fy mod i'n fyw".

Fy Saith Rhyfeddod

Mae rhyfeddodau byd natur yn niferus. Gan mai saith yw'r nifer sydd wedi'i ddefnyddio am ganrifoedd, dyma fy saith rhyfeddod i:

1. Llo neu swclyn yn cael ei eni, ac yn codi ymhen munudau ac yn mynd yn union at gadair a thethau ei fam. Pwy ddywedodd wrtho lle roedden nhw?

2. Cnocell-y-coed, yr un werdd, yn dod i'm gardd yn y gaeaf, rhyw wythnos cyn rhew ac eira, i edrych am larfau pryfed ffenestr neu gopyn heglog. Os bydd y gaeaf yn fwynaidd,

efallai na wela i e o gwbl. Pwy sydd wedi dweud wrtho fod y rhew yn dod?

3. Eog yn dod 'nôl i'r un afon lle'i ganwyd, wedi teithio miloedd o filltiroedd ym Môr yr Iwerydd.

4. Gwylanod yn Plymouth Ho, lle bu Ffransis Drake yn chwarae bowls cyn ymladd yn erbyn Armada Sbaen. Gwelais i nhw'n tapio fel dawnswyr, a'r sŵn gwan fel glaw yn disgyn ar y borfa, ac i fyny y daw'r mwydod – porthiant da iddynt!

5. Eliffantod yn teithio hanner can milltir pan mae sychder yn y diffeithdiroedd i nôl dŵr, a gwybod ble i fynd.

6. Pengwiniaid yn dod 'nôl, wedi bod yn hel eu bwyd, ac yn adnabod eu cywion, allan o filoedd o rai tebyg.

7. Pan oeddwn i'n teithio i ddathlu pen-blwydd fy unig ŵyr, George, ym Malvern, ar yr heol trwy Gomin Weland roedd gyr o wartheg ar yr heol yn pallu symud ac yn prysur lyfu'r heol, yn enwedig yn agos at y 'llygaid cath'. Roedd wedi rhewi'r noson cynt, ac roedd halen yn y gwrthrew wedi'i gymysgu â'r graean ar y ffordd. Roedd eu cyrff yn brin o halen. Sut gwyddai'r fuwch fod halen ynddo? A sut gwyddai fod prinder yn ei chorff? Mae'r ffermwyr gorau heddiw yn rhoi darn mawr o halen, tua chanpwys, yn y caeau i'r gwartheg ei lyfu.

Pedwar cyffur defnyddiol i estyn einioes

Beth yw'r gyfrinach feddygol sy'n ein galluogi i fyw yn hirach? Yn rhyfedd iawn un o'r ffyrdd yw cael salwch cronig fel *arthritis* – sy'n sicrhau nad yw dyn yn gwneud cymaint, ac felly'n dioddef llai o straen ar gorff a meddwl ac yn sicrhau hefyd fod dyn yn edrych ar ôl ei gorff a'i roi mewn gwlân cotwm fel petai.

Does dim amheuaeth fod yna hefyd dabledi a chyffuriau sy'n gallu estyn einioes dyn. Fe enwaf bedwar cyffur sydd, o'u rhoi mewn tabled yn costio llai na £1 y dydd, yn bendant yn ymestyn bywyd dyn o ryw 10 mlynedd.

Y cyffur gwyrthiol cyntaf yw *statin*. Mae'r cyffur yma yn lladd braster ac yn lleihau'r braster yn y gwaed. Canlyniad hyn yw llai o *atheroma* yn y gwythiennau, felly llai o drawiadau ar y galon a llai o debygrwydd o gael strôc. Nid yn unig hyn ond mae hefyd yn gwella cylchrediad gwaed yn y coesau.

Yr ail beth yw fitaminau. Mae amrywiaeth mawr o fitaminau sy'n gallu gwneud iawn am unrhyw ddiffyg cemegol yn eich corff.

Y trydydd yw cyffur ar gyfer y galon a elwir yn *calcium channell blocker* sy'n rheoli curiad y galon, ac yn gofalu nad yw'n rhedeg yn wyllt, rhywbeth sy'n gallu digwydd weithiau ac achosi marwolaeth sydyn.

Yr olaf yw'r cyffur gwyrthiol arall hwnnw sydd wedi profi ei hun dros nifer fawr o flynyddoedd – *aspirin*. Dyma hen ffefryn i ladd poen, lleihau gwres a theneuo gwaed. Roedd Anti Lisa yn un o ddeuddeg o blant a bu fyw'n hirach na'r lleill i gyd. Roedd hi'n fain heb ddim braster. Roedd hefyd yn dioddef o boen pen migraine ac yn cymryd *aspirin* i laesu'r boen. Mae *aspirin* yn teneuo'r gwaed ac felly'n lleihau'r perygl o gael trawiad ar y galon neu strôc. Rheswm arall dros gymryd *aspirin* yw ei fod yn atal cancr – yn enwedig yn y perfedd a'r colon. Clywir heddiw y dylen ni fwyta mwy o ffrwythau a llysiau, ac un o'r rhesymau am hyn yw bod *aspirin* yn digwydd yn naturiol yn y rhain – had y ffrwythau sydd â mwyaf o aspirin ynddyn nhw.

Efallai y dylwn i ychwanegu un arall – er na fyddai pawb yn cytuno – siocled. Mae cemegau ynddo a'r mwyaf pwysig yw *phenylethylamine* sy'n affrodisiad ac yn codi'r hwyl yr un pryd. Roedd brenin yr Aztec, Montezuma, yn dweud mai siocled a'i cynorthwyodd i gadw ei holl wragedd yn hapus! Wrth gwrs mae colesterol mewn siocled a rhaid pwyso a mesur ei effaith, ond peth arall o'i blaid yw bod gwrth-ocsidyddion ynddo hefyd.

Hiraeth am Geredigion

Bu arna i hiraeth am Geredigion ar hyd fy oes. Fe ddaw dydd bydd yn rhaid teithio i'r gorllewin am y tro olaf, i'm cynefin, i'r erw tu ôl i Gapel Bwlch-y-groes, i ail-gyfarfod teulu a ffrindiau. Hoffwn le yn agos i'r clawdd ar waelod y fynwent, i gael cysgod o brifwynt y de-orllewin, a chlywed yr adar a'u côr yn y bore bach. Fi fydd yr unig feddyg yn y lle, felly, rhowch gnoc ar glawr y bocs os bydd eisiau rhywbeth arnoch! Os na fyddwch yn gwybod ble y byddaf, bydd darn o graig o Gwmtydu ar y bedd a bydd Emyr Penrhiw, y bardd a'r crefftwr, wedi naddu'n syml arni, 'Gorffwysfa Joshua Gerwyn Elias, Meddyg'.

Carwn orffen y gyfrol gyda soned a ysgrifennais yn mynegi fy hiraeth am Geredigion a'm cariad ati.

Ti, sir fy ngenedigaeth, annwyl yw
Dy fröydd, nentydd a'th aberoedd mân,
Ti roddaist nodded im wrth ddechrau byw
Cyn imi orfod troi o'th lwybrau glân.
Pam na ddewisais rawd amaethwr bach
Gan ddilyn ffordd y teulu, ddyddiau a fu,
Ac aros yno, yn dy awyr iach,
Yn lle dod yma i Forgannwg ddu?
Dewisais fynd 'rôl teimlo cryndod braw
(Mae gair am broffwyd yn ei wlad ei hun!)
Fe'th welais wedyn o'r pellteroedd draw
A'th gael yn Eden, nefoedd gyntaf dyn;
Fe ddof yn ôl i'th hafnau megis cwch
Ac yn y diwedd ti fydd biau fy llwch.

Am restr gyflawn o lyfrau'r Lolfa,
mynnwch gopi o'n catalog rhad
neu hwyliwch i mewn i'n gwefan

wwww.ylolfa.com

lle gallwch archebu llyfrau ar lein

Talybont Ceredigion Cymru SY24 5AP
ebost ylolfa@ylolfa.com
gwefan www.ylolfa.com
ffôn 01970 832 304
ffacs 832 782